Eva Bieber / Susanne Schäfer

Einer hat uns angesteckt

Neue Jugendgottesdienste

Eva Bieber / Susanne Schäfer

Einer hat uns angesteckt

Herder
Freiburg · Basel · Wien

Gestaltung: Finken & Bumiller, Stuttgart
Titelfoto: Tony Stone © Peter Correz
Herstellung: Clausen & Bosse, Leck
Gedruckt auf umweltfreundlichem,
chlorfrei gebleichtem Papier
ISBN 3-451-26247-9

Inhaltsverzeichnis

Highlight-Gottesdienste im Kirchenjahr

Statt eines Vorworts

Unsere »Durchblickhilfen« –
Menschen, die uns halfen den Überblick zu behalten.

Wir sagen DANKE!

Der Dank geht an alle Menschen, die mit uns diese Gottesdienste gefeiert haben. Durch ihre Begeisterung und durch ihr Feed-back haben sie uns indirekt motiviert, unsere Ideen zur Gottesdienstgestaltung zusammenzuschreiben.

Der Dank geht auch an alle Menschen, die bei der Entstehungsgeschichte aktiv beteiligt waren: Diskussionspartner, Phantasieträger, Darsteller, Motivationstropfen, Bewegungsmelder, Tonträger, technische Direktoren und Zauberer. (Wir hoffen, es findet sich jeder in mindestens einer »Umschreibung« wieder.)

Der Dank geht an alle Menschen, die uns den Raum zur Umsetzung gaben. Personen, die uns vertraut und sich auf Neues eingelassen haben, obwohl sie wußten, daß sie genauso im Mittelpunkt des Geschehens und im Mittelpunkt der Kritik stehen wie wir.

Der Einblick

Bonjour, good morning und guten Tag,
hier an Bord unserer Boeing 365. Wir freuen uns, daß Sie einen Blick auf uns geworfen und damit den Einstieg gewagt haben. Bei uns haben Sie die Möglichkeit, den Rundflug durch das Kirchenjahr nach unseren Schwerpunkten mitzuerleben, aber auch die Freiheit, Ihre persönlichen »Zwischenlandungen« zu beantragen. Nutzen Sie die Zeit des Ausstieges, um neue Eindrücke zu sammeln. Es ist fast an jeder Stelle der »Liturgieroute« möglich, Station zu machen. Ehe es jetzt so richtig los geht, wollen wir Ihnen die Inhalte der Reise kurz vorstellen:

Wir fliegen los am Ort der Erklärungen und besuchen als erstes das Drachenland. Eine nette Drachendame wird uns von ihren Lebens- und besonders von ihren Abschiedserfahrungen berichten. Auch wir müssen uns leider wieder verabschieden, denn der Dschungel wartet auf uns. Und dort ist wortwörtlich der Löwe los. Mit Gebrüll geht's weiter in noch wärmere Gefilde. Wir lernen die Einheimischen dieser Gegend kennen. Kleine, glückliche Leute, die heiße, oder anders ausgedrückt, die spitze Erfahrungen sammeln und uns zeigen, wie wir Wärme weiterschenken können. An dieser Stelle sollten wir uns eine kleine Atempause gönnen. Tief Luft holen und den sanften Wind, der unser Gesicht berührt, genießen. An unserem nächsten Haltepunkt dürfen wir uns auf eine spannende Höhlenexpedition freuen. Wir werden das Leben der dortigen Erdbewohner kennenlernen und eigene Erderfahrungen sammeln dürfen. Zu Fuß laufen wir ein Stück am Flußufer entlang, wir genießen das Rauschen des Wassers und erfrischen uns an dem köstlichen Naß. Dann geht's mit dem Flieger direkt nach Bethlehem. Stadtführung mit integriertem »Geburtsvorbereitungskurs« steht dort auf dem Programm. Mit Zwischenstation im Farbenland erreichen wir unseren letzten Punkt der »Liturgieroute«: Emmaus. Dort findet der »Geburtsvorbereitungskurs« seine Vollendung.

Zum Schluß möchten wir Sie noch auf ein paar technische Dinge hinweisen, die einen reibungslosen Flugverlauf und gute Landungen gewährleisten. Sie haben bei jeder Zwischenlandung die Möglichkeit, durch einen kurzen **Einblick** zu entscheiden, ob Sie aussteigen oder weiterfliegen möchten. Wenn Sie sich für das Aussteigen entscheiden, können Sie sich **auf einen Blick** informieren, was Sie erwartet. Auf den nächsten Seiten im Reiseführer werden die fettgedruckten Stellen noch näher beschrieben. Unser Flugbegleiter **TIM** (Vorname: Text-Inhalt, Nachname: Methode) wird Ihnen den nötigen **Durchblick** vor Ort verschaffen. Im **Ausblick** sollen Ihre Eindrücke gefestigt und der Blick in die Zukunft gewagt werden.

Genaue Quellenangaben findet man im Literaturverzeichnis unter dem jeweils an Ort und Stelle angegebenen Stichwort (Liederbuch oder Autorenname).

In diesem Sinne wünschen wir Ihnen einen guten Flug, klare Sichtverhältnisse, keine Luftlöcher und die Freiheit, Ihre Blickrichtung nach Ihrer Vorstellung zu ändern.

Hiermit verabschiedet sich bis auf weiteres Ihre Flugbegleitung
Susanne Schäfer & Eva Bieber

Gottesdienst von E (Einzug) bis S (Schlußlied)
Der »erklärte« Gottesdienst

Lebendige Liturgie erleben –
Motivation zur Gottesdienstmitgestaltung

Einblick

Gottesdienste haben wir alle schon oft mitgefeiert. Aber sind wir einmal ehrlich, können wir genau erklären warum – was – wann – an welcher Stelle seinen Platz hat?

Dieser Gottesdienst am Anfang des Buches durchleuchtet die Liturgie, er versucht, den Aufbau der Heiligen Messe sichtbar zu machen. Er soll aber nicht nur zum Durchblick verhelfen, er soll Gottesdienstbesuchern Mut machen, sich selbst über die Gestaltung Gedanken zu machen, Lust zu bekommen, eine Meßfeier vorzubereiten.

In spielerischer Form haben sie die Möglichkeit, mit Elementen des Gottesdienstes vertraut zu werden.

Wir wünschen uns, daß dieser »Motivationsgottesdienst« den Funken überspringen läßt, daß er Menschen dazu bewegt, eigene Ideen einzubringen, um somit an einer lebendigen Liturgie mitzubauen.

Wir haben den inhaltlichen Aufbau so gewählt, daß er auf jeden Gottesdienst zu übertragen ist. Deshalb werden Sie keine speziellen Texte, Gebete oder Lesungsvorschläge finden. Dieser »Überbau« läßt offen, ob Sie noch tiefer in die thematische Vorbereitung einsteigen wollen oder nicht.

Wir wünschen Ihnen viele Erkenntnismomente auf der Reise ins »Innenleben« der Liturgie.

Auf einen Blick – Kurzablauf des Gottesdienstes

ERÖFFNUNG

1. Einzug
2. **Eingangslied**
   Wir buchstabieren für uns neu. Anhang S.177
3. **Begrüßung**
4. **Kreuzzeichen**
   Erklärung: »Liturgische Stimme aus dem Nichts«
5. **Kyrie-Text – Quizfrage 1**
   Kyrie-Text
   Kyrie-Ruf
   Kyrie eleison (Cantate Nr. 26)
6. **Gloria – Quizfrage 2**
   Gloria-Lied
   Gloria, Patri et Filio (Cantate Nr. 40)
7. **Tagesgebet – Quizfrage 3**
   Tagesgebet
   Erklärung: »Liturgische Stimme aus dem Nichts«

WORTGOTTESDIENST

8. Lesung
   Erklärung: »Liturgische Stimme aus dem Nichts«
9. Zwischengesang
   Suchen und Fragen (Cantate Nr. 148)
10. Ruf vor dem Evangelium
    Halleluja (Cantate Nr. 53)
    Erklärung: »Liturgische Stimme aus dem Nichts«
11. **Evangelium – Quizfrage 4**
    Evangelium
12. Gedanken
13. Glaubensbekenntnis
14. **Fürbitten – Quizfrage 5**
    Fürbitten
    Fürbittruf

Herr, erbarme dich unserer Zeit (Cantate Nr. 22)
Erklärung: »Liturgische Stimme aus dem Nichts«

EUCHARISTIEFEIER

15. Lied zur Gabenbereitung
    Nimm, o Herr, die Gaben (Cantate Nr. 61)
16. Gabengebet
17. Präfation
18. Heilig
    Alles, was atmet (Cantate Nr. 135)
19. Hochgebet
20. Vater unser
21. Friedensgruß
    Wo Menschen sich vergessen (Cantate Nr. 278)
22. Lamm Gottes
23. Kommunion
24. Danklied
    Ich bin der Weinstock (Cantate Nr. 113)
25. **Abrundung der Spielaktion**
    Erklärung: »Liturgische Stimme aus dem Nichts«
26. Schlußgebet

ENTLASSUNG

27. Segen
28. Schlußlied
    Entdeck' bei dir (Cantate Nr. 151)

Durchblick – die TIM (Text-Inhalt-Methode-Erklärungen)

Die »Durchblickhilfen« zum Beginn: Jedes einzelne Element aus dem Kurzablauf des Gottesdienstes wird gut sichtbar auf ein DIN-A4-Papier geschrieben. Diese beschrifteten Teile dienen als Spielfelder, die als Weg durch den Kirchenraum gelegt werden. Sie werden mit der Textseite nach unten aufgelegt. Die Felder sind in vier verschiedenen

Farben gestaltet, um die unterschiedlichen Gottesdienstabschnitte zu verdeutlichen. Nr. 1–7 zählen zur ERÖFFNUNG, ab Nr. 8–14 geht es um den WORTGOTTESDIENST. Die EUCHARISTIEFEIER beginnt mit Nr. 15 und endet mit Nr. 26, Nr. 27 und 28 gehören zur ENTLASSUNG.

Um den Weg besser kenntlich zu machen, ist es gut, ihn mit Tüchern zu unterlegen, eventuell farblich passend zum entsprechenden Abschnitt. Der Weg kann z. B. vom Mittelgang über den Ambo (Lesung, Evangelium, Gedanken) zum Altar (Gabengebet, Heilig, Präfation, Kommunion) und wieder zurück in den Mittelgang führen. Weiterhin sollten drei gut sichtbare Entscheidungsfelder (z. B. aus Stoff, Pappkarton usw.) am Boden ausgelegt werden, jeweils beschriftet mit den Zahlen 1, 2 oder 3.

Um zu sehen, auf welchem Spielfeld wir uns gerade befinden, benötigen wir einen Spielstein. Dieser kann selbst gestaltet werden und könnte wie folgt aussehen: Die Form der eigenen Kirche nachbauen, eine spezielle Kerze gestalten… lassen Sie Ihren Ideen freien Lauf!

Das Weiterziehen des Spielsteines steht gewöhnlich am Beginn eines jeden Elementes (Ausnahme: die Begrüßung am Anfang der Meßfeier). Die Person, die den Spielstein bewegt, dreht das nächste Spielfeld um und liest den Inhalt laut vor.

Die »Liturgische Stimme aus dem Nichts« hat eine erklärende und überleitende Funktion. Um dem Namen gerecht zu werden, sollte der Sprecher nicht zu sehen sein.

Um der Gemeinde die Möglichkeit zu geben, bei den jeweiligen Quizfragen mitzuraten, müssen vor dem Gottesdienst Stifte ausgeteilt und im Liedblatt an den passenden Stellen Freiräume für die Beantwortung der Fragen eingeplant werden.

2. Eingangslied

Wir buchstabieren für uns neu, Anhang S. 177

3. Begrüßung

Sprecher: Eigentlich kennen wir den Verlauf eines Gottesdienstes, er ist halt so wie immer! Aber wenn ich einmal anfange, einige Elemente etwas genauer zu betrachten, dann stehe ich schnell vor einem Fragenberg.

Wo liegt der Unterschied zwischen dem Kyrie und den Fürbitten? Kommt jetzt das Tagesgebet vor oder nach dem Gloria? Präfation, was ist das? Zwischen was kommt eigentlich der Zwischengesang? Gottesdienstlieder gibt es genug, aber an welcher Stelle hat welches Lied seinen Platz?

Gottesdienst von E bis S, von Einzug bis Schlußlied. Eigentlich ganz logisch, aber was erwartet uns alles noch zwischen Anfang und Ende...?

Um dies zu verdeutlichen, haben wir hier vorne *(auf der Altarinsel)* eine Art Weg gelegt. Dieser Weg führt uns durch die einzelnen Teile des Gottesdienstes. Unterschiedliche Farben stehen für verschiedene Abschnitte. Daneben sehen Sie drei große farbige Felder, beschriftet mit 1, 2 oder 3. Wir möchten uns in diesem Gottesdienst einige Elemente genauer anschauen und ihre Bedeutung hinterfragen. Angelehnt an eine bekannte Kinderspielshow gibt es immer drei Entscheidungsmöglichkeiten: 1, 2 oder 3, du mußt dich entscheiden, drei Felder sind frei ...

Zu einigen Gottesdienstteilen werden Ihnen drei Erklärungen vorgelesen, aber nur eine ist richtig.

Diese drei Personen *(Sprecher zeigt auf drei Menschen aus dem Vorbereitungsteam, die sich neben den Entscheidungsfeldern aufstellen)* werden stellvertretend für uns alle die Quizfragen beantworten, das heißt, sie werden auf dem jeweiligen großen Farbfeld stehenbleiben. Aber auch Sie haben die Möglichkeit, die entsprechenden Fragen für sich im Liedzettel zu beantworten.

Dann darf... *(Name von einer der drei Personen aus dem Vorbereitungsteam)* unseren Spielstein ein Feld weiterziehen und das Blatt herumdrehen. – EINZUG *(Der Begriff wird von der Person laut vorgelesen, die das Blatt herumgedreht hat)* – Da sind wir schon lange vorbei, also gleich das nächste Feld. – EINGANGSLIED – Und noch einen Schritt weiter. – BEGRÜSSUNG – An dem Punkt sind wir gerade angelangt, und ich bin auch schon am Ende. Wir können unseren Spielstein noch eins weiterziehen lassen. – KREUZZEICHEN –

4. Kreuzzeichen

Priester: Wir wollen diesen Gottesdienst nun gemeinsam beginnen: Im Namen des Vaters und des Sohnes und des Heiligen Geistes. Amen.

Erklärung: »Liturgische Stimme aus dem Nichts«

Hallo, hören Sie mich...?

Ich bin die »Liturgische Stimme aus dem Nichts«, ...wenn ich mich kurz vorstellen darf. Ich werde diesen Gottesdienst mit heiligen Ohren verfolgen. Und wenn ich glaube, etwas dazu beitragen zu können, dann tu ich's. Also, nicht erschrecken, wenn meine salbungsvolle Stimme ertönt. Ich bin sozusagen für die liturgischen Tips und Tricks rund um den Gottesdienst zuständig.

... da fällt mir doch gleich was ein:

Wie selbstverständlich haben wir diesen Gottesdienst gerade mit dem Kreuzzeichen begonnen. Einige von Ihnen werden sich jetzt denken: Was gibt es da schon groß zu erklären? Wir erinnern uns dabei an das Leben und Sterben von Jesus Christus. Gut, gut, da habe ich gar nichts einzuwenden. Aber das ist nicht alles. Durch die begleitenden Worte – Im Namen des Vaters und des Sohnes und des heiligen Geistes. Amen. – bekennen wir uns zum dreifaltigen Gott, dem Ursprung und Ziel unseres Lebens, unseres Heiles. Zugleich soll uns das Kreuzzeichen an unsere Taufe erinnern.

Alles klar? Dann kann's ja weiter gehen ...

5. Kyrie-Text – Quizfrage 1

Sprecher: Ein herzliches Dankeschön an unsere »Liturgische Stimme«. Wir sind jetzt auf dem Spielfeld KYRIE-TEXT angekommen und somit auch bei unserer 1. Quizfrage. Unser Rateteam ist schon bereit, und wir hoffen, auch Sie haben Ihren Stift zum Mitraten gezückt. Suchen Sie auf Ihrem Liedzettel die Frage 1, und entscheiden Sie mit, welche Antwort die richtige ist.

Was verbirgt sich hinter dem Kyrie? Und hier kommen die möglichen Antworten:

1. Bewußt werden der eigenen Schuld, sie bekennen und um Vergebung bitten.

2. Daran denken, daß auch Jesus nur ein Mensch war, daß auch er Fehler gemacht hat.
3. Bitte um Kraft und Glaubensstärke für den Priester, damit er frei von Sünde für uns diese Messe zelebrieren kann.

Wer hat nun recht bei der Qual der Wahl – das sagt euch nun die Zahl! *(Die EINS wird hochgehalten und die richtige Antwort noch einmal vorgelesen.)*

6. Gloria – Quizfrage 2

Sprecher: Die erste Frage war ganz leicht, doch die zweite folgt sogleich. Was verbirgt sich hinter dem Gloria? Und hier kommen die möglichen Antworten:

1. Besonderer Lobpreis Gottes. Er wird nur in der Advents- und in der Fastenzeit gebetet oder gesungen.
2. Lobpreis des dreifaltigen Gottes, der nicht beim gesprochenen Wort stehen bleiben darf, sondern zum gelebten Gloria werden muß. Das Gloria ist dreigeteilt und beinhaltet den Lobgesang der Engel, die Preisung Gottes und rühmende Zuwendung an Christus.
3. Lobpreis Gottes, der alles für uns tut, der uns jegliches Handeln abnimmt. Wir können beruhigt die Hände in den Schoß legen und abwarten, denn Gott wird es schon richten.

Wer hat nun recht bei der Qual der Wahl – das sagt euch nun die Zahl! *(Die ZWEI wird hochgehalten und die richtige Antwort noch einmal vorgelesen.)*

7. Tagesgebet – Quizfrage 3

Sprecher: Na, das Tagesgebet bietet sich ja richtig für unsere 3. Quizfrage an. Was sollte denn in so einem Gebet so alles vorkommen? Drei Antworten hören Sie jetzt und hier, bitte bringen Sie eine davon zu Papier.

1. Das Tagesgebet soll auf die persönlichen Anliegen der Gottesdienstbesucher ausgerichtet sein. Dafür schreiben diese zu Beginn des Gottesdienstes ihre Probleme und Anliegen auf ein Stück Papier. Diese werden vor dem Kyrie von den MinistrantInnen eingesammelt, und der Priester baut sie in das Tagesgebet ein.
2. Das Tagesgebet bringt den Willen Gottes zum Ausdruck und ist in drei Teile aufgegliedert. Es soll die Gemeindemitglieder auf den Gottesdienst einstimmen.
3. Es soll die Anliegen der Menschen und sie selbst sammeln. Dadurch sollen sie für die Feier geöffnet werden und bitten um Gottes Hilfe. Das Tagesgebet zitiert immer die Kernaussage des Evangeliums und steht am Beginn des Wortgottesdienstes.

Wer hat nun recht bei der Qual der Wahl – das sagt euch nun die Zahl! *(Die ZWEI wird hochgehalten und die richtige Antwort noch einmal vorgelesen.)*

Erklärung: »Liturgische Stimme aus dem Nichts«
Das Tagesgebet steht am Beginn des Wortgottesdienstes, da muß ich mich wirklich einmal wieder zu Wort melden. Das Tagesgebet gehört noch zur Eröffnung, was wir an unserem Weg gut erkennen können, denn erst jetzt beginnt die neue Farbe. Der Wortgottesdienst beginnt also mit der …

8. Lesung

Erklärung: »Liturgische Stimme aus dem Nichts«
Eigentlich ist hier alles ganz klar. Wenn es nur eine Lesung gibt, dann kann diese sowohl aus dem Alten als auch aus dem Neuen Testament sein. Aber wie schaut's aus, wenn zwei Lesungen auf der Tages-, äh Gottesdienstordnung stehen? Schließlich muß alles seine Ordnung haben, finde ich! Auch kein Problem! Die erste Lesung ist dann aus dem Alten und die zweite aus dem Neuen Testament.

Ich weiß natürlich nicht, ob Ihre Buchläden und Bibliotheken genauso gut ausgestattet sind wie unsere »Himmelsbücherei«? Ich sag's

Ihnen, da gibt es Bücher mit Kurzgeschichten, die oft so gut auf einen Evangeliumstext abgestimmt sind, daß sie dann guten Gewissens an Stelle einer Lesung stehen können.

10. Ruf vor dem Evangelium

Erklärung: »Liturgische Stimme aus dem Nichts«

Entschuldigt bitte, daß ich mich schon wieder melde, aber zu dem Ruf vor dem Evangelium würde ich gerne auch noch ein paar Worte zum besten geben. Halleluja, oft gesungen, nie verstanden? Kein Problem! Wir beseitigen diese Verständigungsschwierigkeit kurz und schmerzlos. Halleluja kommt vom hebräischen »hallelu-jah« und heißt soviel wie »Lobet Jahwe«. Dieser Ruf dient zur Vorbereitung auf das Evangelium. Er besteht, abgesehen von der Fastenzeit, aus dem Halleluja und dem dazugehörigen Halleluja-Vers.

11. Evangelium – Quizfrage 4

Sprecher: Nachdem unsere »Liturgische Stimme« wieder einige wertvolle Tips für uns auf Lager hatte, sind wir nun wieder selbst gefragt. Was verbirgt sich hinter dem Evangelium? Hier kommen speziell für Sie unsere Antwortmöglichkeiten:

1. In allen Liturgien gilt der Vortrag des Evangeliums, wie wir den Ausschnitt aus einem der vier Evangelien in der Messe kurz bezeichnen, als Höhepunkt des Wortgottesdienstes. Der Hörer wird wie die Jünger damals in die Nachfolge Jesu hineingerufen.
2. Das Evangelium bietet dem Priester die Möglichkeit, situativ auf das Gemeindeleben einzugehen. Je nach der momentanen Stimmung in der Gemeinde kann er das passende Evangelium auswählen.
3. Wann immer es möglich ist, soll das Evangelium nach Johannes gelesen werden. Sein Schreibstil hat sich als der ansprechendste von allen herauskristallisiert.

Wer hat nun recht bei der Qual der Wahl – das sagt euch nun die Zahl! *(Die EINS wird hochgehalten und die richtige Antwort noch einmal vorgelesen.)*

12. Gedanken

Es wäre eine Möglichkeit, das Evangelium vom Rangstreit der Jünger auszuwählen *(Mk 9,33–37)*. Genauso wie die Jünger damals könnten sich heute die Gottesdienstelemente darüber »streiten«, wer von ihnen am wichtigsten ist, wer am meisten zum reibungslosen Ablauf beiträgt.

Fazit: Jedes Teil hat seinen Platz und seine eigene Wertigkeit. Das Entscheidende ist, daß alle zusammen die lebendige Liturgie ausmachen.

14. Fürbitten – Quizfrage 5

Sprecher: Wir gehen weiter auf unserem Weg und sind nun bei den Fürbitten. Sie wissen ja, was war gleich wieder der Unterschied zwischen dem Kyrie und den Fürbitten? Drei Antworten stehen nun für Sie bereit, und hinter einer verbirgt sich die »Wahrheit«! Was verbirgt sich hinter den Fürbitten? Und hier sind die möglichen Antworten:

1. In den Fürbitten fragen wir Gott, ob wir ihm unsere Probleme anvertrauen können und er sie für uns aus der »Welt« schafft.
2. Die Inhalte der Fürbitten orientieren sich an dem jeweiligen Tagesheiligen und greifen dessen Wünsche und Probleme auf.
3. Die Fürbitten werden auch das Gebet der Gläubigen genannt. Sie sind so formuliert, daß wir unsere Gebetsanliegen nicht auf Gott abschieben, sondern für unser verantwortliches Handeln um Unterstützung bitten.

Wer hat nun recht bei der Qual der Wahl – das sagt euch nun die Zahl! *(Die DREI wird hochgehalten und die richtige Antwort noch einmal vorgelesen.)*

Fürbitten
Fürbittruf

Erklärung: »Liturgische Stimme aus dem Nichts«
Manches ist gar nicht so einfach, muß selbst ich feststellen. Aber gemeinsam bekommen wir das schon hin. Jetzt sind wir wieder an einer entscheidenden Stelle angekommen. Wenn Sie auf unseren Weg schauen, wissen Sie, was ich meine... Die neue Farbe sagt uns, daß der Wortgottesdienst nun endet und die Eucharistiefeier beginnt.

Und schon wieder hätten wir da ein kleines Problem, sagen wir, ein lateinisches Problem. Was bedeutet das Wort Präfation? Die Vorsilbe prae deutet hierbei nicht auf ein Vor-wort hin. Sie ist räumlich zu verstehen: Vor Gott und der Gemeinde spricht der Priester den Lobpreis und Dank. Jetzt langt's aber mit Erklärungen. In der nächsten Zeit wird meine Stimme erst einmal nicht mehr erklingen. Nicht, daß ich nichts zu sagen hätte, aber es gibt einfach Dinge, die muß man nicht kommentieren, die dürfen nicht zerredet werden.

24. Abrundung der Spielaktion
Sprecher: Wir sind nun am Ende unseres Gottesdienstes angekommen und damit auch am Ende unserer Fragenreihe. Wir möchten nun unseren stellvertretenden Mitspielern und Ihnen, die Sie ja ebenso mitgedacht haben, einen kleinen Preis mitgeben. Wir haben keine Kosten und Mühen gescheut, um Ihnen den einzigartigen, sensationellen »GoDiVoBe-Gutschein« *(GottesDienstVorBereitungs-Gutschein)* zukommen zu lassen. Sie erhalten ihn am Ende des Gottesdienstes, und bitte beachten Sie, er ist nur am Tag X *(Datum des ersten Vorbereitungstermines)* gültig. Sie haben bei diesem Treffen die Möglichkeit, Gedanken zu diesem Gottesdienst auszutauschen und Wünsche, Ideen und Anregungen miteinzubringen, die im nächsten Gottesdienst ihren Platz haben.

Erklärung: »Liturgische Stimme aus dem Nichts«
Nutzen Sie Ihre Chance. Nehmen Sie den Gutschein ernst. Ich werde wie Sie einen mitnehmen und bei diesem Treffen erscheinen, auch

wenn Sie mich nicht sehen werden. Dabei sein ist alles – was sich in diesem Gottesdienst bestätigt hat.

Und wir sind gerade dabei die Eucharistiefeier zu beenden und nach dem Schlußgebet zur Entlassung überzugehen. Ich sag jetzt schon einmal: Auf Wiedersehen! Sie wissen ja wann, wo und warum!

Ausblick

Dieser Gottesdienst soll Menschen zur Mitarbeit motivieren. Darum ist es ein »Motivationsverstärker«, wenn sie am Schluß noch etwas mit auf den Weg bekommen. Wir dachten an ein gestaltetes Blatt, auf dem dieser Weg nochmals sichtbar wird und Erklärungen zu den einzelnen Gottesdienstteilen stehen. In Verbindung mit dem **»GoDi-VoBe-Gutschein«** kann dies ein Einstieg für neue MitvorbereiterInnen sein ...

Abschiedsgottesdienst
»Der Späschl-Drachen-Abflug-Gottesdienst«

(Besonders geeignet für die Verabschiedung von hauptamtlichen Mitarbeitern in der Gemeinde, Priestern, Pastoralassistenten und Gemeindereferenten)

Einblick

Wie die Drachendame »Hab-mich-lieb« unseren Weg kreuzte und Mittelpunkt dieses Gottesdienstes wurde.

Drachen sind Tiere, mit denen man »heiße« Erfahrungen sammeln kann, auch wenn sie uns nicht mehr »lebendig« begegnen können. Ein jeder weiß, daß sie schon längst ausgestorben sind, aber nur wenige haben die Fähigkeit, sie heute wieder aufleben zu lassen, sie uns als »Begleiter« mit auf den Weg zu geben. Wer schon einmal das Buch vom »Kleinen Drachen Hab-mich-lieb« von Andrea Schwarz gelesen hat, weiß, wovon wir reden. Die kleine Drachendame verließ ihre Höhle, ihren Alltag. Sie wollte aus ihrer gewohnten Rolle ausbrechen, wollte Träumen und Sehnsüchten Platz in ihrem Drachenherzen geben. Und dies war nur möglich, indem sie Gewohntes hinter sich ließ und zu Neuem aufbrach.Wenn man Jahre in einer Gemeinde gelebt, mit Menschen zusammengearbeitet hat, dann heißt Abschied auch: Gewohntes hinter sich lassen und zu Neuem aufbrechen!

Auf einen Blick – Kurzablauf des Gottesdienstes

1. Einzug
2. **Eingangslied mit Zwischentexten (nach dem Lied: Mein kleiner, grüner Kaktus, KJG-Songbuch 3, S. 210)**
3. Begrüßung
4. **Kyrie-Text**

5. Kyrie-Ruf
   Erhöre uns, Herr, hilf uns, Herr (Troubadour Nr. 554)
6. Glorialied
   Jubilate Deo (Cantate Nr. 35)
7. **Tagesgebet**
8. **Lesung**
   Der kleine Drache »Hab-mich-lieb« von Andrea Schwarz (gekürzte Fassung)
9. **Zwischengesang**
   Komm,. steig in das Boot, Anhang S. 178
10. **»Drachenevangelium«**
    (Die Emmauserzählung mit Drachenaugen gelesen)
11. **Gedanken**
    ...zum Drachen »Hab-mich-lieb«, zu den zwei Emmausjüngern und natürlich zu der Person, die verabschiedet wird!
12. Evangelium Lukas 24,13–35. Die Begegnung mit dem Auferstandenen auf dem Weg nach Emmaus
13. Glaubensbekenntnis
14. **Fürbitten**
15. Fürbittruf
    Alles muß klein beginnen (Lebenszeichen Nr. 2 nur Refrain)
16. Lied zur Gabenbereitung
    Eine Hand voll Erde – nur der Refrain (KJG – Songbuch 3, S. 16)
17. **Gabenprozession**
    Verschiedene Gaben, die in Verbindung mit der Person stehen, die verabschiedet wird, werden nacheinander zum Altar gebracht. Jede einzelne Gabenprozession wird von einem Text begleitet und endet mit dem Refrain »Eine Hand voll Erde«.
18. Gabengebet und Präfation
19. Heilig
    Alles, was atmet (Cantate Nr. 135)
20. Hochgebet
21. Vater unser
22. **Lied zum Friedensgruß**
    Wie ein Fest nach langer Trauer. Anhang S. 180
23. Lamm Gottes

24. Kommunion
25. Danklied
    Freut euch und tanzt dem Himmel entgegen (Cantate Nr. 268)
26. Schlußgebet
27. Späschl-Aktion (Geschenkübergabe)
28. Segen
    ... speziell für die Person, die verabschiedet wird.
29. Schlußsegen
30. Schlußlied
    Probier's mal mit Gemütlichkeit (KJG-Songbuch 3, S. 212)

Durchblick – die TIM (Text-Inhalt-Methode-Erklärungen)

Die »Durchblick-Hilfen« zum Beginn: Es wäre gut, wenn dieser gemeinsame Wegabschnitt mit... *(Name der zu verabschiedenden Person, im weiteren Verlauf mit N.d.z.v.P. abgekürzt)* nicht nur durch Worte im Gottesdienst sichtbar gemacht wird. Mit Tüchern oder anderen Materialien kann ein Weg gelegt werden, auf dem gemeinsame Erfahrungen symbolisch dargestellt werden *(z. B. Photos, Bücher, beschriftete Steine oder auch Stofftierdrachen ...).*

2. Eingangslied mit Zwischentexten

(nach dem Lied: Mein kleiner, grüner Kaktus, KJG-Songbuch 3, S. 210)
Refrain:
Wir wünschen alles Gute, für dich in nächster Zeit, hollari, hollaria, hollaro!
Nimm uns mit in Gedanken, auf deiner Reise weit, hollari, hollari, hollaro!
Wir lassen dich nun zieh'n und eigene Wege geh'n,
und freu'n uns auf ein wunderschönes Wiederseh'n.
Wir wünschen alles Gute, für dich in nächster Zeit, hollari, hollari, hollaro!

Strophe:
Heut' ist der Abschied, wir sind so traurig,
ach bleib' doch hier in unserem Kreise.
Nein, es ist wichtig, du machst es richtig,
geh deinen Weg auf deine Weise.

4. Kyrie-Text

Priester: Ehe wir uns weiter mit dir auf den Weg machen, wollen wir eine kleine Pause einlegen. Tief durchatmen und zurückblicken, auf Begegnungen und Erfahrungen, die wir sammeln durften, aber auch auf Stolpersteine, die wir uns selbst und anderen in den Weg gelegt haben:

1. Unsere Vergangenheit, unsere Erlebnisse und Träume, unsere guten und schlechten Erfahrungen liegen brach, wir vergessen, anstatt zu verstehen und danach zu handeln.
2. Wir machen uns oftmals auf den Weg, fasziniert, voller Ideen und von einem Traum geleitet, höher zu fliegen, weiter zu sehen, tiefer zu gehen. Doch meistens überstehen diese Seifenblasen nicht einmal die ersten Zweifel und Ärgernisse.
3. Unsere Gegenwart, unser Alltag ist bis oben hin vollgestopft, der Terminkalender hat mehr Seiten und Zeilen als wir überhaupt Zeit und Kraft haben; trotzdem füllen wir diese Seiten mit Terminen, Sitzungen und noch vielem mehr.

Priester: Gott, du Wegweiser unseres Lebens, du zeigst uns klar die Richtung, auch wenn wir denken, uns im Nebel zu verirren oder in Sackgassen steckenzubleiben. Deine Nähe ist unsere Hoffnung auf dem Weg ins Morgen. Amen.

7. Tagesgebet

Guter Vater, du Wegbegleiter des Lebens,
wie die Emmausjünger mit Jesus unterwegs waren, bist du immer bei uns, auf unserer Reise durchs Leben. Aber auch wir sind manchmal

wie mit Blindheit geschlagen und sehen dich nicht. Wie die beiden Jünger in Emmaus mit Jesus Mahl gehalten, gute Gespräche geführt und zurückgeblickt haben, so sind auch wir heute in der gleichen Absicht zusammengekommen. Wir sind um deinen Tisch versammelt und erinnnern uns an die gemeinsame Wegstrecke mit … *(N.d.z.v.P.)*

Wir wollen jetzt in diesem Abschied nicht erlahmen, sondern gestärkt unterwegs sein, gestärkt mit wertvollen Erinnerungen und Erfahrungen der letzten Jahre, und mit dem gemeinsamen Glauben an dich in unserem Reisegepäck, unterwegs auf der Reise zu dir – mit dir als Wegbegleiter. Amen.

8. Lesung

Der kleine Drache »Hab-mich-lieb«
von Andrea Schwarz (gekürzte Fassung)

Es war einmal ein kleiner Drache, die lebte ganz alleine in einer dunklen Höhle. Sie mühte sich rechtschaffen, ein richtiger Drache zu sein; und so schaute sie regelmäßig aus ihrer Höhle heraus, machte »pruuuuuuu« und erschreckte dabei so manches Tier.

Sie tat ihre Pflicht, sicher – aber war das ein Leben?

Vieles ging ihr durch den Kopf, als sie ihre Höhle für den Winterschlaf ausstattete. Ehe sie ihren Gedanken nachjagen konnte, war sie schon eingeschlafen und fing an zu träumen: Sie lag auf einer großen sonnigen Wiese, glücklich und zufrieden, die Tiere spielten um sie herum, ohne Angst vor ihr zu haben.

Doch, das war wirklich ein schöner Traum…

Mit diesem Traum im Herzen würde ihr Leben nie wieder so sein, wie es einmal gewesen war. Als sie von ihrem Winterschlaf erwachte, beschloß sie, sich auf den Weg zu machen, um diese Wiese zu suchen. Sie durfte auf ihrer Suche Erfahrungen sammeln, mußte aber auch viele Enttäuschungen einstecken. Die Begegnung mit dem Hirsch verlief so schmerzhaft, daß sie sämtlichen Mut verlor… in ihr war nur noch Traurigkeit und Schmerz. Sie leckte ihre Wunde und weinte sich verzweifelt in einen unruhigen Schlaf hinein. Lange war dem kleinen Drachen die Ruhe nicht vergönnt. Da wurde sie von einer freundlichen Stimme geweckt: »Was machst du denn hier?« »Ich ...ich habe ...geschlafen...«, sagte der kleine Drache müde. »Hm, aber du kannst nicht mitten auf dem Weg schlafen. Hör zu, meine Hütte ist nicht weit von hier... ein schönes Heulager hätte ich und auch was zu essen, wenn du magst.« Essen – die Sinne des kleinen Drachen belebten sich. Erst jetzt fiel ihr auf, wie lange sie vor lauter Aufregung schon nichts mehr gegessen hatte. Und sofort knurrte ihr Magen so unüberhörbar laut, daß ihr Gegenüber herzlich lachte. »Also, komm mit«, sagte er und ging los. Der Mann versorgte ihre Wunde, die sie sich bei ihrer Begegnung mit dem Hirsch eingefangen hatte, machte etwas zu essen, und bald darauf verriet ein gleichmäßiges leises Pusten, daß der Drache eingeschlafen war. Gleich nach dem Aufwachen am nächsten Morgen fielen dem Drachen die letzten Worte des Mannes wieder ein: »Ich bin Moya, der Zauberer.« – So habe ich mir einen Zauberer wirklich nicht vorgestellt – mit Jeans und Lederjacke, dachte der Drache. Da fiel ihr Moya sofort in ihre Gedanken: »Weißt du, Zauberer sehen immer anders aus, als man erwartet, deswegen erkennt man sie häufig so schlecht – und Jeans und Turnschuhe sind in unserem Beruf manchmal praktischer als der lange, sternenbesetzte Rock« – und dabei lächelte er den kleinen Drachen an. Jetzt fing der kleine Drache Feuer für Moya und begann zu erzählen: von ihrer Höhle, ihren Drachenpflichten, ihrer Einsamkeit, von dem Traum mit den Tieren und ihren Wegerfahrungen. Sie redete sich alles von ihrer kleinen Drachenseele. »Ich finde es jedenfalls prima, daß du den Mut gehabt hast, aufzubrechen und deinen Traum ernst zu nehmen. Das ist sehr schwierig, weißt du.« – »Aber – wo finde ich denn das, was ich suche?« – »Überall«, sagte Moya leise schmunzelnd. »Ich glaube, daß viele Drachen, auch wenn sie scheinbar glücklich sind, eigentlich schon tot sind. Sie leben nur in den Tag hinein, ohne einmal etwas auszuprobieren oder zu riskieren. Sie geben sich mit vordergründigen Antworten zufrieden – und bleiben damit an der Oberfläche... Die wahren Schätze aber sind in der Tiefe verborgen. Und es sind solche Spinner und Träumer wie du, die sich mit der Oberfläche nicht zufrieden geben, die tiefer gehen, weiter sehen, höher fliegen wollen oder, wie du es sagst, die sich auf die Suche machen – auch wenn sie manchmal gar nicht genau sagen können, was sie denn suchen. Das sind die, die immer auf dem Weg sind, offen für alles Neue – auch dann, wenn es vielleicht Angst macht – die Melodien hören, auch wenn niemand spielt; die weinen und glücklich sein können, weil sie eine Rose gefunden haben; die Farbe in die Welt zaubern – und ihre Träume suchen. Und all das läßt sich nicht erjagen, dafür muß man offen sein – und das kann jederzeit und überall sein…«

Moyas Worte drangen ganz tief in den kleinen Drachen ein. Aber eine Frage hatte sie doch noch: »Wie macht man das denn nun – leben?«

»Ich denke, du tust es bereits…« – »Wieso???« – »Du hast dich getraut, der Sehnsucht und den Träumen einen Platz in deinem Herzen zu geben, du hast deine Einsamkeit gespürt, du hast dir eingestanden, daß du Angst hast, du hast anderen vertraut und konntest staunen, du hast die scheinbare Sicherheit aufgegeben, du hast dich verwunden lassen und hast geweint. Du hast tiefer gehen und höher fliegen wollen, das ist doch Leben – auch wenn du dabei deinem Ziel vielleicht noch nicht näher gekommen bist.

ABER MÖGLICHERWEISE IST DAS UNTERWEGS-SEIN WICHTIGER ALS DAS ANGEKOMMEN-SEIN…«

9. Zwischengesamt

Komm, steig in das Boot. Anhang S. 178

10. »Drachenevangelium«

(Die Emmauserzählung mit Drachenaugen gelesen.)

Die Begegnung mit Moya auf dem Weg nach… *(zukünftiger Wirkungsort des zu Verabschiedenden).*

Am gleichen Tag waren zwei von den Drachen auf dem Weg in ein(e) Dorf/Stadt, das 50 Feuermeilen von… *(bisheriger Wirkungsort)* entfernt war. Sie sprachen miteinander über all das, was sich ereignet hatte. Während sie redeten und ihre Gedanken austauschten, kam Moya hinzu und ging mit ihnen. Doch sie erkannten ihn nicht. Er fragte sie: »Was sind das für Dinge, über die ihr auf eurem Weg miteinander redet?« Da blieben sie traurig stehen, und der eine von ihnen, der »Hab-mich-lieb« hieß, antwortete ihm: »Bist du so fremd in… *(bisheriger Wirkungsort)*, daß du als einziger nicht weißt, was in diesen Tagen dort geschehen ist?« Er fragte sie: »Was denn?« Sie antworteten ihm: »Das mit Moya. Er war ein Zauberer, mächtig in Wort und Tat! Er war so freundlich, mit all seinen Gedanken und Ideen hat er uns ein gutes Stück unseres Drachenlebens begleitet. Er hatte Zeit für uns und nahm uns ernst. Und jetzt, jetzt ist er plötzlich fort und wir vermissen ihn. Was sollen wir denn jetzt tun?« Moya: »Ich verstehe eure Traurigkeit und Enttäuschung. Aber überlegt doch mal, vielleicht mußte Moya weitergehen. Manchmal muß man etwas Neues, Ungewisses anfangen, auch wenn man gerne in der alten ›Vertrautheit‹ bleiben möchte. Moya lebt in euch ein Stück weiter, weil er euch Wertvolles gegeben hat.«

Angekommen in… *(zukünftiger Wirkungsort)*, luden sie den Fremden in ihre Höhle ein. Gemeinsam verspeisten sie ein drachinöses Abendessen und hatten viel Spaß. Als Moya sich verabschiedet hatte, fing das Feuer in ihren Drachenbäuchen zu lodern an. »Hätten wir nicht schon den ganzen Tag vor Freude Feuer spucken können?«

Als sie nun merkten, mit wem sie den ganzen Tag zusammen waren, freuten sie sich so sehr, daß sie von der Begegnung und dem Gespräch vielen anderen erzählen wollten. Sie luden alle kleinen und großen, roten und gelben, gepunkteten und gestreiften, schweren und leichten, lustigen und ernsten, feuerspuckenden und nicht feuerspuckenden Drachenfreunde und -freundinnen ein, gemeinsam mit ihnen ein großes Fest zu feiern.

11. Gedanken

…zum Drachen »Hab-mich-lieb«, zu den zwei Emmausjüngern und natürlich zu der Person, die verabschiedet wird!

(Unterhaltung zweier Gemeindemitglieder)

A Alles was recht ist. Aber muß ich für eine super Drachenstory unbedingt eine Bibelstelle hernehmen? Ich wußte bis jetzt noch nicht, daß es Emmausdrachen gibt. Können wir nicht einfach die »Drachen – Hab-mich-lieb – Geschichte« und die Emmauserzählung jeweils getrennt für sich stehen lassen?

B Wieso hat sich ... *(Name der Person, die das »Drachenevangelium« vorgelesen hat)* gerade diese Geschichte aus dem Lukas-Evangelium ausgesucht, um die Drachen unterzubringen? Diese Erzählung ist uns allen bekannt. Jedes Jahr am Ostermontag sind wir mit den Emmausjüngern auf dem Weg... Die Emmauserzählung hat es gar nicht nötig mit grünen Drachen und Zauberern aufgepeppt zu werden. Sie ist heute aktueller denn je.

A Hm, versteh' ich auch nicht. Aber einen Grund gibt es doch, warum... *(Name der Person, die das »Drachenevangelium« vorgelesen hat)* diese Geschichte ausgewählt hat. Wir waren auch mit... *(N.d.z.v.P.)* unterwegs, genauso wie die Emmausjünger mit Jesus und die Drachen mit Moya.

B Außerdem hat sich die »Drachen-Emmaus-Geschichte« nicht schlecht angehört. Sogar... *(N.d.z.v.P.)* mußte schmunzeln. Und wenn ich es mir recht überlege, ist da gar kein großer Unterschied, ob ich von den Emmausjüngern oder von den zwei kleinen Drachen rede. Hör dir doch nur einmal den Anfang an: Am gleichen Tag waren zwei von den Drachen auf dem Weg in ein Dorf namens ... *(Name des zukünftigen Wirkungsortes)...*

A ... am gleichen Tag waren zwei von den Jüngern auf dem Weg in ein Dorf namens Emmaus... Also, die Parallelen sind ja wohl nicht zu übersehen. *(Name der Person, die das »Drachenevangelium« vorgelesen hat)* Idee mit der Drachen-Emmaus-Geschichte war doch nicht so schlecht.

B Wir feiern hier einen Gottesdienst mit ... *(N.d.z.v.P.)*, um ihm DANKE zu sagen. Aber was hat diese Geschichte mit der gemeinsam verbrachten Vergangenheit und dem heutigen Gottesdienst zu tun?

A Na, der Zusammenhang liegt ja wohl auf der Hand, oder besser gesagt auf der Drachenpfote. Die Emmausjünger waren unterwegs... Die Drachendame »Hab-mich-lieb« ist von ihrer Höhle aufgebrochen und war unterwegs, und wir waren mit ... *(N.d.z.v.P.)* unterwegs.

B Eigentlich logisch! Die Emmausjünger sprachen über all das, was sich ereignet hatte. Sie tauschten ihre Gedanken und Gefühle aus. Die Drachendame »Hab-mich-lieb« hat viele Erfahrungen auf ihrem Weg gesammelt. Sie hat gute Gespräche geführt, aber auch Verletzungen einstecken müssen. Und wir waren die letzten Jahre mit… *(N.d.z.v.P.)* im Gespräch. Wir haben mit ihm / ihr getanzt, gesprochen, gesungen, gebetet, gelacht und auch geschwiegen.

A Die Parallelen nehmen ja gar kein Ende mehr. Die Emmausjünger sind voll von Trauer und Ratlosigkeit aus Jerusalem davongelaufen. Die kleine Drachendame ist von Verletzungen geschwächt völlig hoffnungslos im Wald zusammengebrochen. Wir alle haben in den letzten Jahren auch Phasen der Hoffnungslosigkeit und der Resignation durchlaufen müssen.

B Tja, aber das war ja nicht alles für die Emmausjünger. Jesus hat sich unerkannt zu ihnen gesellt und ist mit ihnen gegangen. Er hat sich ihre Probleme angehört und hat versucht, sie an Worte und Taten des Messias zu erinnern. Moya hat die Drachendame alleine im Wald gefunden, genau an dem Punkt, an dem sie mit ihren Problemen nicht mehr alleine fertig wurde.

A Das Wichtigste ist also, gemeinsam auf dem Weg zu sein.

B … und immer, wenn wir mit … *(N.d.z.v.P.)* unterwegs waren, haben wir *(Raum für Erfahrungen und Anekdoten mit der zu verabschiedenden Person)* …

A Und eines dürfen wir auf alle Fälle nicht vergessen: Ich erinnere mich mit Begeisterung an die Zeiten, an denen wir gemeinsam das Brot im Namen Jesu brachen und Gott mitten unter uns spürbar war. Ich glaube, wir müssen an dieser Stelle nicht erläutern, wo die Parallelen zur Emmauserzählung liegen.

B Und unsere kleine Drachendame hat sich ja auch beim gemeinsamen Mahl mit Moya gestärkt und verstanden, was es heißt, auf dem Weg zu sein und den eigenen Traum zu suchen. Und wie hat Moya ihr das erklärt…? DIE KUNST LIEGT DARIN, VERGANGENHEIT UND ZUKUNFT IN DER GEGENWART ZU LEBEN.

A Die Emmausjünger waren so mit ihrer Trauer beschäftigt, daß sie sich nicht mehr erinnern wollten, was sie mit Jesus erlebt und was sie geträumt hatten. Sie haben nicht verstanden, wozu Jesus sie beauftragt hatte. Er hat sie zuerst an ihre gemeinsame Zeit erinnern müssen, um ihnen zu zeigen, daß ihre Zukunft, ihr Auftrag, nur in seinem Namen und in der Erinnerung an ihn möglich ist.

B Es liegt an dir … *(N.d.z.v.P.)*, genauso wie an uns, daß wir unsere Vergangenheit, aber auch unsere Träumereien für die Zukunft, so in die Gegenwart umsetzen, daß Gott unter uns spürbar wird. Jetzt ist es an der Zeit, daß wir uns mit unseren Erinnerungen und Träumen auf den Weg machen, um weiter zu sehen, höher zu fliegen und tiefer zu gehen.

14. Fürbitten

Priester: Die Kunst liegt darin, Vergangenheit und Zukunft in der Gegenwart zu leben. Mit vielen Erfahrungen aus der Vergangenheit und den Blick auf eine gemeinsame Zukunft mit dir, guter Vater, bringen wir heute unsere Wünsche, Träume und Sehnsüchte vor dich, du Künstler des Lebens:

1. Du Schöpfergott, wir danken dir für die letzten Jahre mit… *(N.d.z.v.P.)*, wir danken dir für die Stunden mit ihm/ihr, die Quelle des Lebens für uns waren. (Name), wir danken dir für deine Kraft und Phantasie, für deine Träume, die du uns geschenkt hast. Mit dir durften wir träumen und uns auf den Weg machen. So haben wir eine Ahnung davon bekommen, was Glaube heißen kann.
2. Du phantasievoller Gott, wir bitten dich für die Zukunft von… *(N.d.z.v.P.)*, sei an seiner/ihrer Seite bei all seinen ihren neuen Erfahrungen in… (zukünftiger Wirkungsort), stärke ihn/sie in seinen/ihren Träumen, damit er/sie auch dort Menschen für dich begeistern kann. Wir bitten aber auch, daß… *(N.d.z.v.P.)* Menschen trifft, die ihm/ihr Träume schenken können.
3. Du Gott, mitten unter uns, wir bitten für uns alle hier. …*(N.d.z.v.P.)* verläßt uns, er/sie wird uns fehlen, seine/ihre Gedanken und Worte haben wir lieb gewonnen, wir haben auf ihn/sie gebaut und uns an seine/ihre Hilfe gewöhnt. Gib uns die Kraft und die Einsicht, daß dies zwar ein Einschnitt ist, aber nicht der Augenblick, sich zurückzuziehen. Jetzt ist es an der Zeit, daß wir uns mit den Erinnerungen und Träumen, mit all dem, was… *(N.d.z.v.P.)* uns gegeben hat, auf den Weg machen, um weiter zu sehen, höher zu fliegen und tiefer zu gehen.

4. Du Gott unserer Träume, wir bitten für alle kleinen Drachen, die sich auf den Weg machen und ihre Träume suchen. Gib ihnen Mut auch bei Rückschlägen nicht umzukehren.Wir brauchen solche Spinner und Träumer, hat Moya gesagt.
5. Du Gott, der du uns nicht in Ruhe läßt. Wir bitten für alle »Emmausjünger«, daß ihnen die Blindheit wie Schuppen von den Augen fällt. Wir bitten für alle, die deine Klopfzeichen in ihrem Leben hören, für solche wie Jona, Samuel und Zachäus, die aber noch nicht mutig sind, diesem Klopfen zu folgen und zu tanzen wie Miriam mit ihrer Pauke es tat. *(Die biblischen Personen in dieser Fürbitte sind natürlich austauschbar. Sie können und sollen mit Personen ersetzt werden, die... (N.d.z.v.P.) auf seinem/ihrem Weg wichtig geworden sind.)*

Priester: Darum bitten wir dich, der du dich mit uns, unseren Erinnerungen und Träumen, auf den Weg machst, damit wir mit dir es wagen, weiter zu sehen, höher zu fliegen und tiefer zu gehen. Amen.

16. Gabenprozession

Verschiedene Gaben, die in Verbindung mit der Person stehen, die verabschiedet wird, werden nacheinander zum Altar gebracht. Jede einzelne Gabenprozession wird von einem Text begleitet und endet mit dem Refrain »Eine Hand voll Erde«.

Jedesmal,
wenn die Emmausjünger miteinander Mahl feierten,
das Brot brachen und den Wein tranken,
waren sie einander sehr nahe,
und ihr gemeinsamer Weg wurde ihnen wieder bewußt.
(Der Becher mit Wein wird zum Altar gebracht.)

Jedesmal,
wenn wir an die kleine Drachendame denken,
werden wir uns an ihren Traum erinnern
und an jene, die uns ... *(N.d.z.v.P.)* gegeben hat.

Träume sind manchmal wie Seifenblasen:
Wenn man versucht, sie festzuhalten, platzen sie.
Nur wenn man den Mut hat, sie loszulassen, können sie fliegen,
in unsere Zukunft mit der Erinnerung an die letzten Jahre.
(Seifenblasen werden zum Altar gebracht.)

Jedesmal,
wenn … *(N.d.z.v.P.)* seinen/ihren Terminkalender zückte,
hatte er/sie Zeit für viele Menschen, ein offenes Ohr und ein gutes Wort,
aber auch immer einen Termin mehr in seinem/ihrem übervollen Kalender.
All unsere Erinnerungen aus den letzten Jahren:
(Platz für die Aufzählung von gemeinsamen Erinnerungen.)
…sollen Teil dieses Gottesdienstes sein.
Wir bringen den alten **Kalender** von … *(N.d.z.v.P.)* zum Altar, aber auch einen neuen, unbeschriebenen, der noch keine Zeilen und Einträge hat.
(Alter und neuer Kalender werden zum Altar gebracht.)

Jedesmal,
wenn wir dieses Brot gebacken hatten,
war… *(N.d.z.v.P.)* da und hat mit uns das **Brot** geteilt.
Traurige und schöne Momente sind die Zutaten dieses Brotes. So aßen und tranken wir miteinander, und Gott war mitten unter uns. Niemand wurde ausgeschlossen, und der Geist Gottes nahm von uns die Angst und die Kleingläubigkeit.
(Das selbstgebackene Brot wird zum Altar gebracht.)

22. Lied zum Friedensgruß

Wie ein Fest nach langer Trauer. Anhang S.180

26. Schlußgebet

Moya, die Drachendame, die zwei Emmausjünger und wir haben auf unserem Weg innegehalten und uns gestärkt. Das gemeinsame Mahl mit dir gibt uns Kraft zum Leben. Leben heißt Veränderung, heißt Wachsen, Weitergehen, immer auf der Suche sein, offen für alles Neue, auch wenn es vielleicht Angst macht, Melodien zu hören, auch wenn niemand spielt ...

Leben, das ist wie ein Feuer, ... wir können uns die Pfoten, ... äh die Finger daran verbrennen, aber wenn wir das Feuer in unseren Herzen haben, das Feuer deiner Gegenwart, dann werden uns ähnliche Gedanken wie den Emmausjüngern durch den Kopf gehen: »Brannte uns nicht das Herz in der Brust ...?«

Um diese feurige Begeisterung für deine Nachfolge bitten wir dich, du Schöpfer allen Lebens. Amen.

27. Späschl-Aktion (Geschenkübergabe)

Wer sich auf den Weg macht bzw. machen muß, bekommt sicherlich einiges an »Reiseproviant« *(z. B. Photoalben, persönliche Gutscheine, einen Stofftierdrachen, einen Laib selbstgebackenes Brot, einen Klappstuhl zum Ausruhen ...)* mit. Die Übergabe des Abschiedsgeschenkes der Gemeinde sollte unserer Meinung nach im Gottesdienst ihren Platz haben.

Eines darf im Reisegepäck natürlich nicht fehlen: Das Buch vom »Kleinen Drachen Hab-mich-lieb«.

28. Segen

...speziell für die Person, die verabschiedet wird.

(Name), der Segen sei mit dir,
er berühre dich
und tauche dein Leben in ein gutes Licht.

Der Segen trete in dein Leben
wie Jesus zu den Emmausjüngern trat,

auf daß dein Herz sich öffnet,
und die Vergangenheit und die Zukunft sich vereinen
in deiner Gegenwart.

Der Segen Gottes, unseres Schöpfers, sei mit dir auf dem Weg,
höher zu fliegen, weiter zu sehen, tiefer zu gehen,
er begleite deine Träume.

Der Segen möge dich in guten und schlechten Zeiten,
in den Zeiten der Ratlosigkeit, des Ärgers, der Hoffnungslosigkeit,
und der vollen Terminkalender begleiten.
Er bringe die Melodie in dir zum Klingen.

(Name), der Segen sei mit dir
im Namen des lieben Vaters, des Abbas, des Jahwe,
der bei dir ist in seiner Liebe,
und
im Namen des Sohnes Jesus, der mitten unter uns ist,
mit uns tanzt und träumt,
weint und klagt,
und
im Namen des Heiligen Geistes, der in dir sein Werk
vollbringen möchte. Amen.

Ausblick

Drachen sind sehr gesellige Tiere. Sie feiern wirklich gern große und heiße Feste. Es bietet sich also an, eine »Drachen-Abschieds-Feier« im Anschluß an den Gottesdienst zu planen. Wie wir gehört haben, sind Drachen meistens sehr hungrige Wesen. Ein »heißes« Drachenmahl zur Stärkung kommt daher immer gut an. Und wenn's auf der Feier schon so drachinös zugeht, dann kann man sich gleich einen feurigen Titel überlegen. Hier ein paar Vorschläge:

- Die drachinösen Jahre von … *(N.d.z.v.P.)* in unserer Gemeinde… (bisheriger Wirkungsort).

- Die letzten Jahre eines heiß-grünen Gemeindelebens.
- Ein heißes Fest für alle kleinen und großen, roten und gelben, gepunkteten und gestreiften, schweren und leichten, lustigen und ernsten, feuerspuckenden und nicht feuerspuckenden Drachenfreunde- und -freundinnen aus... *(bisheriger Wirkungsort).*
- Treffpunkt am... *(Datum),* um... (Uhrzeit) in unserer Drachenhöhle *(Pfarrsaal).*

Wir wünschen viele drachinöse Ideen, wenn Sie mit Feuereifer an die Sache gehen... Pruuust!

Gottesdienst zum Film: König der Löwen »Gut gebrüllt, Löwe!«

Einblick

Beim Vorbereiten eines »verspielten« Gottesdienstes waren wir auf der Suche nach Spielen und Spielaktionen, die Menschen interessieren und Spaß machen. Beim Gang durch die Spielzeugabteilungen und durch verschiedenste Kinderzimmer trafen wir immer wieder auf den »König der Löwen«, als Video, Spiel, Kuscheltier usw. Bei näherer Beschäftigung mit dem Inhalt des Filmes wurde klar, daß die Lebensgeschichte dieses Löwen vielfältige Erfahrungen aufzeigt, die auch Kindern, Jugendlichen und Erwachsenen vertraut sind. Besonders wichtig für uns war der Punkt des gemeinsamen Spielens, der sowohl im Film als auch im Leben eine große Rolle spielt (bzw. spielen sollte). Es ist ein Gottesdienst geworden, der viel vom gemeinsamen Tun lebt, Spiel und Spaß nicht zu kurz kommen läßt und unsere Gottesbeziehung an- bzw. hinterfragt.

Auf einen Blick – Kurzablauf des Gottesdienstes

1. **Einstimmung**
   Lied zum Zuhören: Der ewige Kreis (CD: König der Löwen Nr. 1)
2. Eingangslied
   I danced in the morning (Troubadour Nr. 229)
3. **Begrüßung mit Puzzleaktion**
4. **Kyrie-Text**
5. Kyrie-Ruf
   Herr, erbarme dich unserer Zeit (Cantate Nr. 22)
6. **Gloria**
   Lied zum Zuhören: Ich will jetzt gleich König sein
   (CD: König der Löwen Nr. 2)
7. **Tagesgebet**

8. Lesung(sspiel)
König der Löwen
9. Zwischengesang
Du bist da, wo Menschen leben (Cantate Nr. 183)
10. Evangelium Johannes 6, 14–15
Die wunderbare Speisung einer Volksmenge am See Tiberias
11. Gedanken
12. Glaubensbekenntnis
13. Fürbitten
14. Fürbitt-Ruf
Kyrie (Troubadour Nr. 437 E)
15. Lied zur Gabenbereitung
Schau' auf unsere Gaben (Lobet den Herren IV Nr. 30A)
16. Gabengebet
17. Präfation
18. Heilig
Lobt den Herren (Sing mit uns Nr. 15)
19. Hochgebet
20. Zeit zum Nachdenken
Lied zum Zuhören: Hakuna matata (CD: König der Löwen Nr. 4)
21. Vater unser
22. Lied zum Friedensgruß mit Aktion
Mit Worten kann man spielen. Anhang S. 179
23. Lamm Gottes
24. Kommunion
25. Schlußgebet
26. Segen
27. Schlußlied
Menschen auf dem Weg (Cantate Nr. 244)

Durchblick – die TIM (Text-Inhalt-Methode-Erklärungen)

Die »Durchblick-Hilfen« zum Beginn: Bei diesem Gottesdienst muß wirklich »der Löwe los sein«! Zwei unterschiedlich große Plüschlöwen, die Simba und Mufasa darstellen, sollten es sich am Anfang der Meßfeier gut sichtbar vor dem Altar gemütlich machen. Ihr großer Auftritt erfolgt bei den Gedanken. Vor Beginn des Gottesdienstes sollte unter jedem Sitzplatz ein Puzzleteil versteckt sein, so daß jeder Mensch anteilmäßig zu einem Puzzle gehört *(Erläuterung: s. 3. Begrüßung mit Puzzleaktion).* Sollte es nicht mehr möglich sein »König der Löwen« – Puzzles zu bekommen, könnten Sie Puzzles selbst anmalen. Weiterhin wird für das Lied zum Friedensgruß ein kleiner Softball benötigt. Die Kurzzusammenfassung der Geschichte haben wir der Beschreibung der Hörspielcassette entnommen und teilweise in eigene Worte gefaßt. Ansonsten lassen Sie Ihrer Kreativität bei der Dekoration ruhig freien Lauf.

1. Einstimmung

Lied zum Zuhören: Der ewige Kreis (CD: König der Löwen Nr. 1

»Von Geburt an beginnt das Erlebnis,
wenn wir uns zur Sonne drehn,
es gibt mehr zu sehn, als man je sehen kann, mehr zu tun,
so viel mehr zu verstehn.
Das Leben hier ist ein Wunder, alles neu, alles endlos und weit.
Und die Sonne zieht leise ihren goldenen Kreis,
führt Groß und Klein in die Ewigkeit.
Und um den ewigen Kreis dreht sich unser Leben,
dem Gesetz der Natur sind wir geweiht,
wir sind alle vereint in diesem Universum,
und das Leben ist ein ewiger Kreis.«

3. Begrüßung mit Puzzleaktion

Grüß Gott,
ich möchte Sie alle hier begrüßen und hoffe, Sie waren nicht auf Löwengebrüll eingestellt? Zwei Löwen sitzen ja hier, vor dem Altar. Ich darf sie Ihnen kurz vorstellen, es sind Simba und sein Vater Mufasa. Im Moment grübeln sie noch über einiges in ihrem Leben nach, davon werden sie uns aber nach dem Evangelium erzählen.

Ich weiß nicht, wer von Ihnen den Film »König der Löwen« gesehen hat. Sie haben heute auf jeden Fall die Möglichkeit, ihn etwas anders zu erleben.

Es gibt sicherlich einige unter Ihnen, die sich fragen, wie Kinofilm und Gottesdienst zusammenpassen? Dieser Film erzählt von schönen und traurigen Erfahrungen, aus denen auch unser Leben besteht. Die Bibel ist ein Buch voller Erfahrungen von Menschen mit Gott. Genau diese Erfahrungen sind für uns der Punkt, an dem Mensch, Bibel und Film zusammenfinden. Wenn Sie nun unter Ihren Sitzplatz schauen, werden Sie hoffentlich etwas entdecken. Wenn es sich bei Ihrer Entdeckung auch noch um ein Puzzleteil handelt, dann sind Sie bei uns goldrichtig. Machen Sie sich damit auf den Weg und schauen Sie, wo Sie Anschluß finden. In diesem Sinne: »Gut gebrüllt und gesucht, Löwe!«

(Zeit zum Suchen und zum Finden)

Wenn alle die richtige Spur verfolgt haben, dann müßten jetzt vier Löwenbilder und somit auch vier Gruppen entstanden sein. Schauen Sie sich um, und merken Sie sich die Gesichter Ihrer Gruppe, denn Sie werden später noch gemeinsam auf Expedition gehen.

4. Kyrie-Text

Priester: Herr, unser Gott, vieles strömt tagtäglich auf uns ein. Einige unserer Gedanken bringen wir nun zu dir:

1. Gott, so wie jetzt geht es mir öfters. Ein Teil meines Lebenspuzzles habe ich in der Hand, der Rest ist unklar. Du hast uns vorgelebt, was auf der Suche sein bedeutet.

2. Auf dem Weg treffe ich Menschen, die genauso unterwegs sind. Manche unserer Puzzleteile passen zusammen und verbinden uns. Bei manchen habe ich das Gefühl, keinen Anschluß zu finden.
3. Manchmal paßt mein Puzzleteil erst nach mehreren Versuchen. Es kostet Kraft, immer wieder auf den anderen zuzugehen.

Priester: Nimm all das, was uns beschäftigt mit hinein in diesen Gottesdienst, und gib uns so die Möglichkeit, frei zu werden für die Begegnung mit dir. Amen.

6. Gloria

Lied zum Zuhören: Ich will jetzt gleich König sein
(CD: König der Löwen Nr. 2)

»Als König werd ich Superstar, ein wirklich hohes Tier.
Als König wärst du noch recht kahl, die Haare fehlen dir.
Die lange Mähne ist ein Wunsch, den ich mir noch erfüll,
bis dahin trag ich die Nase hoch und übe mein Gebrüll.
Zum Imponieren bist du viel zu klein!
Oh, ich will jetzt gleich König sein.
(Du hast noch einen langen Weg vor dir, kleiner Prinz,
wenn du jetzt denkst!)
Nie und nimmer tu dies! Nie und nimmer tu das!
Nie und nimmer hör auf! Nie und nimmer hör mal!
Immer frei in voller Fahrt, frei und nur auf meine Art.
Das geht zu weit, du Naseweiß, nun höre endlich zu!
Ich brauche keinen Rat von einem Schnabelmauser, du!
Und wenn das Königshaus sich so entwickelt, will ich raus,
raus aus allem, raus aus Afrika, ich wandre lieber aus!
Dein Vater würde so was nie verzeihn!
Oh, ich will jetzt gleich König sein.
Jeder sieht nach links, und jeder sieht nach rechts, und jeder sieht auf mich und sieht auf meine Zukunft.
Dir singen alle Tiere, groß und klein, und alles, was da kreucht und fleucht im Sein, der Simba wird bald König, er allein!
Oh, ich will jetzt gleich König sein.« (3x)

7. Tagesgebet

Gott, ich möchte auch manchmal gerne König sein.
Der, um den sich alles dreht, dessen Wünsche erfüllt werden.

In diesem Gottesdienst stehst du und unsere Gemeinschaft im Mittelpunkt. Laß uns erkennen, daß es wichtig ist, als Mensch dieses Geheimnis mitzufeiern und seine Fähigkeiten, Träume und Wünsche miteinzubringen. Amen.

8. Lesung(sspiel)

König der Löwen

Die Kurzzusammenfassungen der Geschichte werden jetzt ausgeteilt. Sie sind in vier Abschnitte untergliedert. Jetzt zeigt sich, wer vorhin gut hingeschaut hat. Finden Sie sich in Ihren Puzzlegruppen zusammen und nutzen Sie die kommenden zehn Minuten zur Vorbereitung. *(Je eine Puzzelgruppe wird einem Abschnitt der Geschichte zugeordnet.)* Vorbereitung worauf, werden Sie sich jetzt fragen?

Hier kommt die Auflösung des Rätsels:

Lesen Sie erst einmal Ihren Abschnitt der Story durch, und überlegen Sie dann, wie Sie ihn uns näher bringen wollen. Sie können Ihren Part z. B. vorlesen und pantomimisch dazu spielen, oder den Text mit Geräuschen unterlegen. Es gibt auch die Möglichkeit, ein Gespräch darüber zu basteln oder vielleicht sogar unseren beiden Löwen hier (den Stofftieren) die Hauptrollen zu geben. Ihrer Phantasie sind keine Grenzen gesetzt. Wichtig ist, daß die Personen zu unterscheiden sind und die Handlung erkennbar ist.

Viel Spaß mit Simba und Co.

(10 Minuten zur Vorbereitung müssen reichen, dann spielen sich die vier Gruppen gegenseitig und natürlich der Reihe nach ihre »König der Löwen-Geschichte« vor.)

Kurzzusammenfassung:

Teil I: Jeden Tag, wenn die Sonne sich über dem Horizont erhebt, leuchtet im ersten Morgenlicht ein riesiger Felsen, der Königsfelsen. Alle Tiere hatten sich dort versammelt, um die Geburt von Simba, dem Thronfolger zu feiern. Rafiki, der weise, alte Pavian, hob das

Löwenbaby hoch in die Luft, damit es alle sehen konnten. Königin Sarabi und König Mufasa waren stolz auf ihren Sohn. Nur einer war bei der Feier nicht dabei. Mufasa's Bruder Scar. Mufasa fand ihn am Eingang seiner Höhle: »Sarabi und ich haben dich bei der Verkündigung von Simbas Geburt vermißt.« Zazu, Mufasas treuer Ratgeber, erschien ebenfalls: »Als Bruder des Königs hast du eigentlich in der ersten Reihe zu stehen.« – »Eigentlich stand ich an erster Stelle – bis die kleine Nervensäge geboren wurden«, knurrte Scar verärgert und stelzte aus der Höhle. Innerhalb kurzer Zeit war Simba ein gesundes, verspieltes Löwenjunges geworden. Eines Morgens kletterten er und Mufasa an die Spitze des Königsfelsen und Mufasa zeigt Simba das Königreich. Simba betrachtete den Horizont, und ein dunkler Fleck in der Ferne fiel ihm auf. »Und was ist mit dem schattigen Land dort drüben?« – »Das liegt jenseits unserer Grenze. Du darfst niemals dorthin, Simba«, sprach Mufasa. Später traf Simba seinen Onkel Scar, und dieser erzählte ihm, daß sich hinter die Grenze nur die mutigsten Löwen wagten, denn dort liege der Elefantenfriedhof.

Als Simba nach Hause kam, fand er seine Freundin Nala: »Komm mit. Ich weiß da einen ganz tollen Ort!« Als Aufpasser bekamen sie Zazu. Sie liefen schnell, um ihn abzuhängen. Dies war ihnen auch bald gelungen. Sie purzelten einen Abhang hinunter und landeten in einer finsteren Schlucht voller Elefantenschädel und Knochen. »Wow!« Simba sah sich um und staunte. »Wir sind da. Das ist der Friedhof.«

Teil II: Plötzlich kamen drei Hyänen aus den Augenhöhlen eines Elefantenschädels geschlichen. Erschrocken fuhren Simba und Nala zurück. Zazu wollte die beiden Löwenkinder noch warnen und in Sicherheit bringen, doch ehe er einen Warnschrei ausstoßen konnte, packte ihn eine Hyäne am Hals und warf ihn um. Die Hyänen schlichen um die Kleinen herum und leckten sich die Lippen. Bevor diese ihren Plan in die Tat umsetzen konnten, kam König Mufasa, verscheuchte die Hyänen und rettete die drei. Scar traf sich mit den Hyänen und war sehr wütend, daß sie es nicht geschafft hatten, Simba umzubringen. Er erklärte ihnen den weiteren Plan. Am nächsten Tag lockte Scar Simba in eine Schlucht. Als sie dort ankamen, wandte sich Scar an seinen kleinen Neffen: »Du wartest hier. Dein Vater hat nämlich eine wundervolle Überraschung für dich.« Kurz darauf gab Scar den Hyänen ein Signal, und daraufhin jagten diese eine riesige Herde von Gnus direkt auf Simba zu. Da rief Scar Mufasa zu Hilfe. Es gehörte zu seinem Plan, daß Mufasa selbst in Gefahr geraten sollte. Mufasa konnte Simba gerade noch retten, starb aber dann selbst unter den Hufen der rasenden Tiere. Scar redete Simba ein, daß er schuld sei am Tod seines Vaters. »Was soll ich jetzt tun?«, fragte sich Simba. Da hatte Scar schnell eine Antwort parat: »Lauf weg, Simba! Lauf weit weg und komm nie wieder zurück!« Simba gehorchte seinem Onkel. Scar kehrte zum Königsfelsen zurück, um allen zu verkünden, daß Mufasa und Simba tot seien. Jetzt war er König der Löwen.

Teil III: Simba schleppte sich durch die Steppe und brach müde und ohne Nahrung zusammen. Wieder einmal wurde er gerettet, von dem Warzenschwein Pumbaa und dem Erdmännchen Timon. Als Simba erwachte, galt sein erster Gedanke dem Tod seines Vaters. Timon brachte ihm einen Spruch bei: »Hakuna Matata, das heißt soviel wie, keine Verantwortung, keine Sorgen. Man muß seine Vergangenheit hinter sich bringen.«

Und genau das tat Simba auch. Er blieb sehr, sehr lange mit Pumbaa und Timon im Dschungel. Und in dieser Zeit wurde ein großer und starker Löwe aus ihm. Doch dann bekam Simba Heimweh. Eines Nachts sah er hinauf zu den Sternen, und er erinnerte sich an die Worte seines Vaters: »Sieh hoch zu den Sternen... Die großen Könige der Vergangenheit sehen von dort auf uns herab. Und wenn du dich einsam fühlst, denk immer daran, dann werden dir diese Könige den rechten Weg weisen... Und ich auch.«

Am nächsten Tag wurde Pumbaa von einer Löwin angegriffen. Simba kam ihm zur Hilfe. Er kämpfte mit der Löwin, die ihn ohne Anstrengung auf den Rücken rollte, und da erkannte er seine alte Freundin Nala. Sie erzählte ihm, daß Scar unbarmherzig regiere, und auch die Hyänen im geweihten Land sind. »Simba, wir haben nichts zu essen und nichts zu trinken. Du bist der wahre König und unsere einzige Hoffnung. Komm zurück, Simba!« Simba wollte nicht und blieb im Dschungel. Eines Tages traf er Rafiki. Dieser zeigte ihm in einem Teich das Gesicht von Mufasa, und sein Geist sprach mit Simba: »Hör auf dein Herz, Simba. Du bist zu etwas anderem bestimmt. Du mußt deinen Platz im ewigen Kreis einnehmen.« Ermutigt durch die Worte seines Vaters kehrte Simba zum Königsfelsen zurück. Nala, Pumbaa und Timon folgten ihm.

Teil IV: Scar regierte ohne Gnade. Gerade als er Sarabi so heftig schlug, daß sie zu Boden fiel, ertönte ein mächtiges Gebrüll zwischen den Felsen. Simba, der jetzt die Wahrheit wußte, griff Scar an. Nala und die anderen Löwinnen mischten sich ein. Ein Blitz erschien am Himmel und entzündete das ausgetrocknete Gras. Durch Feuer und Rauch des Flächenbrandes sah Simba, wie Scar zu entkommen versuchte und verfolgte seine Onkel. Scar versuchte Simba zu überreden: »Oh, Simba, ich mach's wieder gut, ich versprech's. Sag mir, wie ich es dir beweisen soll.« – »Lauf weg, Scar. Und komm nie mehr zurück.« Simbas Stimme bebte vor Zorn und Erregung. Scar wollte sich leise davonschleichen, aber plötzlich drehte er sich um, um Simba noch einmal anzugreifen. Simba reagierte schnell und warf Scar über den Rand des Felsens, wo das hungrige Hyänenpack schon wartete.

Langsam stieg Simba zur Spitze des Königsfelsens und brüllte laut und majestätisch, als er sein Königreich überschaute. Nala blieb an Simbas Seite, und es dauerte nicht lange, da hatten sie ihr eigenes Junges, und Rafiki konnte dem Volk der Tiere einen neuen Prinzen entgegenhalten. (nach: Der König der Löwen Nr. 46)

11. Gedanken

Gespräch zwischen Simba und Mufasa.

(Gespielt mit den zwei Stofflöwen)

Simba: Du, Papi, ich versteh' den Jesus ja nicht so ganz, warum er abgelehnt hat, ein König zu werden. Mir hat es solchen Spaß gemacht, den Löwenkönig im Kino zu spielen. Endlich durfte ich alles bestimmen, alle schauten mich ehrfürchtig an und tanzten ganz nach meiner Pfeife.

Mufasa: Als du dann älter geworden bist, Simba, hast auch du gemerkt, daß es einfacher ist, einen König zu spielen als später ein König zu sein, oder?

Simba: Hat es dir nicht auch gefallen, den König der Löwen im Film zu spielen? Da bist du doch ganz groß rausgekommen! Du warst der Herr und Gebieter über das gesamte Sonnenreich, wau!

Mufasa: Ja Simba, Spielen ist ganz nett, aber das Leben ist eben oft anders. Im Spiel kannst du nicht viel verlieren, aber im echten Leben geht's oft härter zu, und die Probleme lösen sich nicht so leicht wie im Spiel.

Simba: Für mich ist es etwas Schönes, beim Spielen in eine andere Rolle zu schlüpfen. Da habe ich schon eine Menge für mich dazugelernt.

Mufasa: Ich weiß, für Kinder ist es interessant zu spielen und sich mit der Phantasie in eine andere Welt hineinzudenken. Als Erwachsener ist es mir wichtig, mit beiden Beinen in der Wirklichkeit zu stehen. Spielen ist eben nur etwas für Kinder!

Simba: Das sehe ich aber ganz anders! Die Mama hat einmal gesagt, daß das Spiel nicht nur Kinderkram ist. Spielen hat einen tieferen Sinn, und ich meine, es bereitet mich auf bestimmte Lebenssituationen vor.

Mufasa: Da magst du gar nicht so unrecht haben. Manche Erfahrungen, die du im Spiel sammelst, können dir im Leben hilfreich sein. Aber das Leben ist oft so anders, glaube mir!

Simba: Du immer mit deinem ach so ernsten Leben! Im Spiel kann ich leichter einmal etwas wagen. Und ich habe das Risiko geliebt als junger Löwenkönig. Da wollte ich einfach beweisen, wie mutig ich bin. Es war einfach spannend, den verbotenen Elefantenfriedhof im Reich der Hyänen zu besuchen.

Mufasa: Und du bist mit deinem leichtsinnigen Wagemut ordentlich auf die Schnauze gefallen, Kleiner! Hätte ich dich nicht jedes Mal aus dem ganzen Schlamassel herausgeholt, wärst du von Anfang an verloren gewesen! Gott sei Dank war das nur im Spielfilm und nicht im echten Leben!

Simba: Genau das meine ich ja. Das Spiel hilft mir etwas auszuprobieren, was ich im Leben nie so könnte. Wenn ich manches nicht gewagt hätte, wäre ich meinem Onkel Scar nie auf die Schliche gekommen. Erst durch meine kühne Art habe ich erfahren, was für ein perfekter Schauspieler er war, und daß er mich nur aus dem Spiel haben wollte!

Mufasa: Mich hat der Einsatz für dich im Film das Leben gekostet. Das war kein Spaß, das war wie im richtigen Leben!

Simba: Ehrlich gestanden, da war ich auch froh, daß das Ganze nur ein Film war. Aber ich habe dabei gelernt, einmal darüber nachzudenken, wie mein Leben ohne dich wäre. Und ich habe gespürt, daß ich dich nie verlieren möchte! Als du nicht mehr da warst, mußte ich eine harte Durststrecke aushalten. Das ist doch wie in der Wirklichkeit.

Mufasa: Ist es denn nicht besser, gleich in der Wirklichkeit zu bleiben und dort realistische Erfahrungen im Alltag zu sammeln? Spielen ist doch oft nur reine Zeitverschwendung und bringt für's Leben nichts oder nur wenig.

Simba: Im Gegenteil, mir hat es Spaß gemacht, mit vielen anderen zu spielen. Spielen verbindet und schafft Gemeinschaft. Da lerne ich spielerisch mit Tier und Mensch und ihren Macken umzugehen.

Mufasa: Das sollst du doch besser im normalen Alltag versuchen. Manchmal habe ich den Eindruck, als ob viele mit ihren Spielen nur vor dem Ernst des Lebens flüchten wollen, in eine Scheinwelt, die sie sich mit ihren verträumten Ideen selber zurechtzimmern.

Simba: Im Spiel kann ich meiner Phantasie freien Lauf lassen. Da hast du schon recht: Ein gutes Spiel eröffnet der Phantasie neue Welten. Im Leben ist es wichtig, auch neue Dinge vorauszuträumen. Das hilft mir weiter. Freilich lassen sich dann nicht alle Wunschträume erfüllen, aber danach sehe ich auch im Leben wieder klarer.

Mufasa: Ich habe schon einen reichen Erfahrungsschatz im Leben gesammelt, mein Sohn. Was aber soll mir das Spielen schon helfen, wenn ich mich mit meinen Mitmenschen kaum verstehe.

Simba: Beim Spielen kann ich angestaute Wut abbauen. Durch genaue Spielregeln bin ich sogar gezwungen, mit ihr umgehen zu lernen. Vielleicht werde ich dadurch auch fähig, manche zwischenmenschliche Spannung zu ertragen und gute Konfliktlösungen zu finden.

Mufasa: Ich merke schon, wie du das Spiel mit allen vier Pfoten verteidigst. Da muß dir ja viel daran liegen.

Simba: Du willst hinter allem gleich einen bestimmten Zweck sehen. Ich finde, daß Spielen zweckfrei sein muß, aber deswegen – wie du meinst – noch lange nicht zwecklos ist. Für mich gibt es im Spiel immer eine bestimmte Rolle, in die ich mich so richtig reinfühlen möchte. Manchmal wachse ich sogar über mich selbst hinaus und entdecke an mir ganz neue Seiten.

Mufasa: Vielleicht sollten wir öfter einmal miteinander spielen, wenn du so versessen darauf bist. Schaden kann es ja nie. So manche deiner Gedanken haben mich nachdenklich gestimmt. Du hast deinen Spieleifer gut verteidigt.
Gut gebrüllt, Löwe!

13. Fürbitten

Priester: Fairer Gott, du treibst mit uns kein übles Spiel. Deine »Regeln« sind gerecht und uns allen bekannt. Trotzdem halten wir uns nicht immer an deine »Spielregeln«. Darum bitten wir dich:

1. Im Spiel kann ich meiner Phantasie freien Lauf lassen.
   Wir bitten heute für mehr Phantasie auf dieser Welt.
   Unsere Kreativität ist gefragt, wenn es darum geht,
   Lösungen für ein friedliches Miteinander zu suchen.
2. Spielen verbindet und schafft Gemeinschaft.
   Wir bitten heute für mehr Gemeinschaft auf dieser Welt.
   Unser Einsatz ist gefragt, wenn es darum geht,
   Verbindungen untereinander zu schaffen.
3. Spiel ist nicht gleich Spiel.
   Wir bitten heute für ein faires Miteinander auf dieser Welt.
   Unser Gerechtigkeitssinn ist gefragt, wenn es darum geht,
   unfaire Strategien aufzudecken und ihnen entgegenzuwirken.
4. Nur wer mitspielt, kann gewinnen.
   Wir bitten heute für mehr Offenheit auf dieser Welt.

Unser Blick ist gefragt, wenn es darum geht,
einsame Menschen wahrzunehmen und zu integrieren.

5. Manchmal wird aus Spiel Ernst.
   Wir bitten heute für mehr Humor auf dieser Welt.
   Unsere freundlichen Worte sind gefragt, wenn es darum geht,
   einer angestauten Aggression den Wind aus den Segeln
   zu nehmen.

Priester: Herr, du König des Himmels und der Erde.
Obwohl sie dir auf dieser Erde übel mitgespielt haben, hast du dich an die »göttlichen Spielregeln« gehalten und uns so gezeigt, was wirkliches Leben ausmacht. Dafür sagen wir Danke. Amen.

20. Zeit zum Nachdenken

Lied zum Zuhören: Hakuna matata (CD: König der Löwen Nr. 4)

»Hakuna matata – diesen Spruch sag ich gern,
hakuna matata – gilt stets als modern.
Es heißt: Die Sorgen bleiben dir immer fern,
keiner nimmt uns die Philosophie, hakuna matata.
(Ja, auch er war ein kleines Schwein,
auch ich war ein kleines Schwein! – Bravo! – Ein Fluch, sein Geruch war ja kein lieblicher Duft, er mußte nur etwas fressen, schon kam dicke Luft. Ich bin trotz allen Muts ein Sensibelchen. Es tat weh, als die anderen flöteten, und oh, die Qual, sie war katastrophal, ein Skandal, das ewige Hupen – sag's uns nochmal, von dem ständigen... Pumbaa, aber doch nicht vor den Kindern!)«

22. Lied zum Friedensgruß mit Aktion

Mit Worten kann man spielen. Anhang S. 179

(Der Priester nimmt den Softball in die Hand und erklärt die Spielregeln.)

Dieser Ball, den uns Simba und Mufasa freundlicherweise ausleihen, dient uns als Symbol, um Frieden weiterzugeben. Nach der ersten Strophe mit den »Worten« wird ein Name gerufen und der Ball zu diesem Menschen geworfen. Bei der zweiten Strophe wird der

Fänger durch Blickkontakt ermittelt und bei der Dritten durch Deuten mit der Hand.

(Kleiner Tip am Rande: Hierbei geht es um keine Wett- oder Weitwurfaktionen, sondern um ein gesundes Miteinander.)

25. Schlußgebet

Erfahrener Gott,
es ist oft nicht einfach, Kindern, ja eigentlich allen Menschen, den Freiraum für eigene Erfahrungen zu gewähren. Man meint, sie vor allem schützen zu müssen, so wie Mufasa Simba. Manche Eindrücke waren für Simba wichtig, um herauszufinden, wie sein Leben weitergeht. Sei mit uns, wenn wir Menschen auf ihrem Weg, mit all dem, was er mit sich bringt, begleiten. Laß uns eine gute Grenze finden zwischen Abwenden und Zulassen von Erfahrungen. Amen.

26. Segen

König des Lichtes und der Sonne,
deine Strahlen gehen an die dunkelsten und hellsten Stellen unseres Lebens.
Sei bei uns mit deinem Licht an jedem Tag und in jeder Nacht.
Amen.

Ausblick

Dieser Gottesdienst hat uns vielfältige Erfahrungen beschert. Ernstblickende Menschen wurden zu begeisterten Löwen, jemand, der nur wegen des Titels kam, entdeckte einen neuen Zugang zum gemeinsamen Feiern im Gottesdienst. Spielen wurde nicht als kindlich oder kindisch abgetan, es bekam seinen eigenen Stellenwert. Für uns waren all diese Erfahrungen Zeichen dafür, daß es ein lebendiger Gottesdienst war. Es ist gut, wenn die Gottesdienstteilnehmer etwas Sichtbares mitnehmen können, z. B. eine Quartettkarte vom König der Löwen mit einem aufgedruckten Kernsatz oder einen bestimmten Liedtext. Sie haben bestimmt auch noch mindestens eine löwenstarke Idee.

Feuer – Luft – Erde–Wasser
Eine Gottesdienstreihe zu den vier Elementen

Überblick

Die vier Grundelemente Feuer, Luft, Erde und Wasser bilden eine Einheit. »Sie sind profane Erscheinungen, die aber als lebenswichtige Elemente zugleich auf unsere Ursprünge verweisen und das Geheimnis des Lebens und Entstehens, des Wachsens und Sterbens darstellen« (Moltmann-Wendel, 1994, S. 9). Sie beziehen sich oft aufeinander, und doch hat jedes Element für sich seinen Wert. Die Reihenfolge, in der wir die vier Gottesdienste angeordnet haben, soll keine Wertung darstellen. Sie spiegelt nur den zeitlichen Ablauf des Konzeptes wieder. Orientiert haben wir uns dabei an den vier Jahreszeiten und am Kirchenjahr. Eine Möglichkeit wäre auch, ein ganzes Jahr in der Gemeinde unter die Thematik der vier Elemente zu stellen. Der jeweilige Gottesdienst könnte den Höhepunkt und Abschluß einer Elementeeinheit bilden.

Einheit: FEUER

Zeitraum:	September bis Dezember
Jahreszeit:	Herbst (Hochwetterlage, Färbung der Blätter, Kartoffelfeuer), Winter (Rückzug in die warme Stube, Ofenwärme, Glühwein)
Kirchenjahr:	Vorbereitung und Gestaltung der Advents- und Weihnachtszeit (Licht aus der Dunkelheit, Wärme aus der Kälte, Adventskranz, Laterne)

Einheit: LUFT

Zeitraum:	Januar und Februar
Jahreszeit:	Winter (klare kalte Nächte, eisiger Wind, wirbelnde Schneeflocken)
Kirchenjahr:	Ausgelassenheit vor der österlichen Bußzeit (Luftschlangen)

Einheit: ERDE

Zeitraum:	März bis Mai
Jahreszeit:	Frühjahr (pflanzen, keimen, wachsen)
Kirchenjahr:	Österliche Bußzeit und Ostern (Wachstum und Abschluß des Erlösungsgeschehens)

Einheit: WASSER

Zeitraum:	Juni bis August
Jahreszeit:	Sommer (Wasserspiele, Wassereis, Garten gießen)
Kirchenjahr:	(alles fließt weiter)

Feuer-Gottesdienst im Advent
»Licht sein für andere – Wärme weiterschenken«

Einblick

Das glühende Feuer, das strahlende Licht – verzehrende Macht, Lebenselement und tödliche Gefahr zugleich. Augenlicht, behagliche Wärme, Helligkeit des Bewußtseins, Erleuchtung des Geistes, zerstörende, fressende Gewalt: das Feuer. Im Feuer ist immer beides: das Leben und der Tod, die Rettung und die Zerstörung. Aber im Feuer ist nicht nur unser Schicksal, es ist uns anvertraut. Es hat seit jeher eine große Anziehungskraft auf die Menschheit gehabt.

Bis zum heutigen Tag ist das Feuer das besonders dem Menschen vorbehaltene Element. Das Wasser bewohnen andere Wesen, die Luft beherrschen andere, der Erde sind andere besser angepaßt als der Mensch. Das Feuer ist das einzige Element, das uns allein zugewiesen ist.

In unserem Feuer-Gottesdienst spielt die Wärme, die von einem Feuer, aber auch von einem Menschen ausgehen kann, eine herausragende Rolle.

Gerade in der Adventszeit bietet es sich an, den Gottesdienst unter die Licht-/Wärme-Thematik zu stellen. Adventskranz, Kerzen, Licht. Das bedeutet für uns: Wir erwarten Weihnachten; wir warten auf ein Licht; wir wollen Licht für andere sein; wir wollen Wärme, Geborgenheit weiterschenken.

Bei der Vorbereitung des Gottesdienstes sollten, trotz der ausgewählten Thematik, die Ideen der Kinder/Jugendlichen im Vordergrund stehen. Auch ein selbstgebauter Vulkan hat in einem »Swabeedooler-Wärme-Gottesdienst« seinen Platz.

Auf einem Blick – Kurzablauf des Gottesdienstes

1. **Einzug**
2. Eingangslied
   Einer hat uns angesteckt mit der Flamme der Liebe (Troubadour Nr. 116)
3. Begrüßung
4. **Einführung in die Thematik**
   Zwiegespräch
5. **Kyrie-Text**
6. Kyrie-Ruf
   Herr, erbarme dich unserer Zeit (Cantate Nr. 22)
7. **Tagesgebet**
8. **Lesung**
   Die kleinen Leute von Swabeedoo
9. **Zwischengesang mit Pelzchenaktion**
   Ein Funke, kaum zu sehen (Troubadour Nr. 6)
10. Evangelium Matthäus 5,14–16
    Vom Licht der Welt
11. Gedanken
12. Glaubensbekenntnis
13. **Fürbitten**
14. Fürbittruf
    Erhöre uns, Herr! Hilf uns, Herr! (Troubadour Nr. 554)
15. Lied zur Gabenbereitung
    Eine Hand voll Erde (Songbuch 3 S. 16)
16. **Gabengebet**
17. Präfation
18. Heilig
    Lobt den Herren (Singt mit uns Nr. 15)
19. Hochgebet
20. Vater unser
21. **Lied zum Friedensgruß mit Pelzchentauschaktion**
    Wo Menschen sich vergessen (Cantate Nr. 278)
22. Lamm Gottes
23. Kommunion

24. Danklied (mit Bewegungen)
Das Kinder Halleluja. Anhang S.182
25. Schlußgebet
26. Segen
27. Schlußlied
Menschen auf dem Weg (Cantate Nr. 244)

Durchblick – die TIM (Text-Inhalt-Methode-Erklärungen)

1. Einzug

Mit dem Priester und den Ministranten ziehen Jugendliche einer Jugendgruppe ein. Sie tragen »ihren« Vulkan. In mehreren Gruppenstunden haben sie aus Gips, Kleister, Farbe u.v.a. einen Vulkan selbst gebaut. Er wird gut sichtbar für alle Gottesdienstbesucher neben dem Altarraum aufgestellt und durch Sternchenspeier zum »Sprühen« gebracht. Wenn alle Funken am Vulkan erloschen sind, stellen die Jugendlichen ein entzündetes Weihrauchfaß in den hohlen Innenraum des Vulkans. Er raucht während des gesamten Gottesdienstes.

4. Einführung in die Thematik

Zwiegespräch

1. Person: Ich möchte euch alle mit feuriger Begeisterung zu dieser Eucharistiefeier begrüßen und euch einladen, mit uns ein Stück weit »durchs Feuer zu gehen«, damit wir uns anstecken lassen von der Flamme der Liebe, von Jesus Christus selbst.

Zuerst wollen wir allen Kindern und Jugendlichen aus unserer Gemeinde danken, die diesen Gottesdienst mit Feuereifer vorbereitet haben und jetzt auch aktiv mitgestalten. Das FEUER brodelt in unseren Gruppenstunden schon seit zwei Monaten, z. B. bei der Feuer-Rallye, einem Feuer-Quiz, einem Feuertanz, heißen Spielen oder bei der Entstehung eines Vulkans. Das Feuer ist eines

der vier Grundelemente und »Feuer – Luft – Erde – Wasser« stellen unser Jahresthema für die Kinder- und Jugendarbeit dar. Sie können sich also schon heute auf einen Luft-, Erde- und Wassergottesdienst freuen.
Aber jetzt soll es erst einmal heiß hergehen bei unserem Feuergottesdienst, und wir hoffen, daß ein, zwei, drei – einfach ganz viele Funken vom Feuer der Hoffnung zu euch hinüberspringen.

2. Person: *(... tritt auf, mit Schal, Handschuhen, Mütze!)*

1. Person: Sag mal, was ist denn mit dir los? So kalt ist es doch noch gar nicht? Oder ist bei dir zu Hause die Heizung kaputt?

2. Person: Nein, nein! Wie kommst du denn darauf?

1. Person: Na, weil du so dick angezogen bist! Du mußt vielleicht schwitzen!

2. Person: Tu ich auch! Aber ich habe mir überlegt, daß es bei einem Feuergottesdienst bestimmt nicht schlecht ist, wenn es mir richtig warm bzw. heiß ist. Und wer weiß, ob die Kirche auch anständig geheizt ist.

1. Person: Du brauchst dir keine Sorgen zu machen, denn erfroren ist hier noch niemand. Und außerdem geht es in unserem Gottesdienst nicht darum, wer am meisten schwitzt.

2. Person: Ach so! *(Zieht Handschuhe, Mütze und Schal aus.)*

1. Person: Feuer und Wärme kann ich spüren, wenn ich mich in einer Gemeinschaft wohl fühle, wenn mich jemand anlächelt, oder wenn mir jemand gut zuredet.

2. Person: Und Jesus will uns ja gerade in dieser Feier gut zureden.

1. Person: Wir können, angeregt durch die Erzählungen von Jesus, selbst Wärme in unser Leben bringen und in das Leben unserer Mitmenschen. Durch ein gutes Wort, ein Lächeln.

2. Person: Als ich heute Morgen zum Gottesdienst losgehen wollte, da ist mir die Streichholzschachtel am Küchentisch aufgefallen. Ich hab mir gedacht, Streichhölzer passen irgendwie zum Feuer, deswegen habe ich sie mitgebracht. *(Zündet ein Streichholz an und läßt es abbrennen, schreit: »auhh« und bläst es aus.)*

1. Person: Du, der Sinn der Streichhölzer ist es nicht, sie in die Luft zu halten und sie einfach abbrennen zu lassen. Sie können Kerzen anzünden, eine Laterne zum Leuchten bringen.

2. Person: Na, und heute hatte das Streichholz eine ganz besondere Aufgabe.
Es durfte die erste Kerze am Adventskranz anzünden. Und diese Kerze gibt uns auch Wärme und Licht.

1. Person: Aber das ist nicht alles. Sie leuchtet für uns, um uns daran zu erinnern, daß auch wir für andere Licht sein können.
Wir wollen uns in diesem Gottesdienst anstecken lassen von der Flamme der Liebe, von Jesus Christus selbst.

5. Kyrie-Text

Priester: Jesus, du bist für uns das Licht der Welt. Du willst unser Leben füllen mit Liebe und Glück, mit Zufriedenheit und Freude. Doch wir kommen oft ab von deinem Weg des Lichtes. Wir wollen die Dunkelheiten unseres Lebens vor Gott bringen:

1. Gott, oft habe ich Angst, mir die Finger zu verbrennen oder gar den Mund. Manchmal habe ich Angst, daß mir der Boden unter den Füßen zu heiß wird. Ich wage es nicht, für dich und deine gute Sache durchs Feuer zu gehen.
   Herr, erbarme dich.
2. Gott, ich bin Feuer und Flamme für alles mögliche. Heute lasse ich mich hier von dir begeistern, morgen von anderen Dingen und Personen. Ich bin Feuer und Flamme für meinen Sportverein. Dir gegenüber aber bin ich oft kalt und uninteressiert.
   Herr, erbarme dich.
3. Gott, oft lebe ich auf Sparflamme. Ich bin nicht bereit, mich für andere einzusetzen. Ich bin bequem und gleichgültig, anstatt andere anzustecken und mitzureißen. Laß mich durch Jesus Feuer fangen und andere anstecken, damit die Welt durch uns heller und wärmer wird.
   Herr, erbarme dich.

Priester: Darum bitten wir durch Christus, unseren Herrn und Bruder. Amen.

7. Tagesgebet

Gott, wir danken dir, daß du uns nicht mit kalten, spitzen Steinen beschenkst, sondern mit deiner warmen Liebe. Du beschenkst uns, ohne danach zu fragen, ob wir mit den Geschenken, die du uns in deiner Liebe gibst, dankbar umgehen. Du beschenkst uns ganz unverdient mit einer unendlich großen Liebe, obwohl du von uns oft nur kalte, spitze Steine bekommst. Wir danken dir für deine Liebe. Laß uns von dir lernen, einander zu beschenken, damit die Menschen durch uns wieder froh und glücklich werden. Amen.

8. Lesung

Die kleinen Leute von Swabeedoo

Die Geschichte wird in verteilten Rollen vorgelesen, während weitere Kinder pantomimisch dazu spielen. Jeder Swabeedooler trägt ein Säckchen (Turnbeutel), gefüllt mit Pelzchen (Kunstpelz, zu kaufen in jeder Stoffabteilung), bei sich. Der Kobold ist ganz grün gekleidet und trägt ein Säckchen mit Steinen bei sich.

In der Nähe des Vulkans »Swabl« liegt das kleine Dorf Swabeedoo.

Erzähler: »In Swabeedoo laufen sehr glückliche, kleine Leute herum mit einem Lächeln bis hinter die Ohren. Sie grüßen sich freundlich, und für jeden haben sie ein gutes Wort.

Swabeedooler 1: Wir kleinen Leute aus Swabeedoo sind glücklich, weil wir einander warme, weiche Pelzchen schenken. Darum tragen wir alle einen Beutel mit warmen, weichen Pelzchen bei uns. Sooft wir uns treffen, geben wir einander ein warmes, weiches Pelzchen.

Erzähler: Warum tut ihr das?

Swabeedooler 1: Nun, es ist besonders schön, jemandem ein warmes, weiches Pelzchen zu geben. Es sagt dem anderen: »Ich mag dich! Du bist etwas Besonderes!«

Swabeedooler 2: Wer so ein Pelzchen bekommt, der freut sich. Er fühlt sich anerkannt und geehrt. Der Beschenkte ist glücklich. Er möchte dem, der ihm ein Pelzchen geschenkt hat, ebenfalls etwas Schönes geben.

Swabeedooler 1: Wir, die kleinen Leute von Swabeedoo, geben uns gerne warme, weiche Pelzchen. Und wir nehmen gerne solche an.

Wir fühlen uns so in Liebe miteinander verbunden und sind froh und glücklich.

Erzähler: Außerhalb des Dorfes, in einer kalten, dunklen Höhle wohnt ein großer grüner Kobold. Er lebt allein. Er kommt mit keinem Menschen aus. Manchmal fühlt er sich sehr einsam.

Kobold: Was die kleinen Leute in Swabeedoo tun, das ist Unsinn.

Swabeedooler 2: Guten Morgen, Kobold! Haben wir nicht einen wunderschönen Tag? Hier, nimm ein warmes, weiches Pelzchen. Es ist besonders schön. Ich habe es eigens für dich aufbewahrt, weil ich dich so selten sehe.

Erzähler: Der Swabeedooler schenkt dem grünen Kobold ein Pelzchen.

Kobold: Du bist dumm! Wenn du alle deine Pelzchen weggibst, dann gehen sie dir an einem schönen Swabeedoodah-Tag aus. *(Kind schaut ihn erstaunt und erschrocken an.)*

(Kobold schaut in den Pelzchenbeutel.)

Sei vorsichtig mit dem Verschenken. Du behältst sonst nichts für dich.

Erzähler: Der Kobold tappt mit seinen großen, grünen Füßen davon. Er läßt einen verwirrten und unglücklichen Swabeedooler zurück. Der Kobold weiß auch, daß jeder hier in Swabeedoo einen unerschöpflichen Vorrat an Pelzchen besitzt.

Kobold: Ich weiß, daß die Pelzchen für das ganze Leben reichen. Ich habe den Mann belogen, um herauszufinden, ob in den kleinen Swabeedoolern auch das steckt, das ich bei mir entdecke: Selbstsucht, Habsucht, Egoismus.

Erzähler: Es dauert nicht lange, da kommt einer an einem kleinen Swabeedooler vorbei.

Swabeedooler 1: Guten Morgen, mein lieber Freund! Mit dir habe ich schon viele warme, weiche Pelzchen ausgetauscht. Weil ich dich mag, schenke ich dir heute ein besonders schönes Pelzchen.

Swabeedooler 2: Gib auf deinen Pelzchenvorrat acht! *(Geht schnell weg.)*

Swabeedooler 3: Es tut mir leid, aber ich habe kein warmes, weiches Pelzchen für dich. Ich muß aufpassen, daß mir meine Pelzchenvorräte nicht ausgehen.

Swabeedooler 2: Ich bin sehr vorsichtig geworden. Ich schenke nicht mehr jedem ein warmes, weiches Pelzchen. Ich weiß nicht, ob du es auch wirklich schätzt.

Erzähler: Die Neuigkeit verbreitet sich schnell im ganzen Dorf. Plötzlich beginnt jeder, seine Pelzchen aufzuheben. Man schenkt sich zwar immer noch welche, aber alle sind sehr, sehr vorsichtig. Die kleinen Leute von Swabeedoo beobachten sich mißtrauisch und verbergen voreinander ihre Pelzchen. Streit bricht aus, wer wohl die meisten Pelzchen hat. Es werden sogar Pelzchen gestohlen.

Swabeedooler 1: Schade, wir sind abends draußen nicht mehr sicher. Früher gingen wir abends gerne in den Park, und auf den Straßen standen wir oft zusammen. Wir grüßten einander und schenkten uns warme, weiche Pelzchen.

Swabeedooler 2: Das Schlimmste ist, daß so viele von uns krank werden. Ganz viele haben Schmerzen im Rücken und laufen gebückt umher.

Kobold: Mit dem Ergebnis meiner Lüge bin ich ganz zufrieden. Eigentlich wollte ich ja nur herausfinden, ob die kleinen Leute auch so selbstsüchtig, habgierig und egoistisch sein können wie ich. Wenn ich jetzt in das Dorf komme, begrüßt mich keiner mit einem frohen Lächeln, und niemand schenkt mir ein warmes, weiches Pelzchen. Die Leute starren sich mißtrauisch an. Sie begegnen mir nur noch mit einem traurigen Gesicht und einem mißtrauischen Blick. Ja, so ist die Welt wirklich!

Erzähler: Einige der kleinen Leute sind schon gestorben an Rückgraterweichung. Vielleicht liegt es auch daran, daß ihnen niemand mehr ein warmes, weiches Pelzchen gegeben hat. Nun ist alles Glück aus dem Dorf Swabeedoo verschwunden.

Kobold: Mein Gott, ich wollte ihnen doch nur zeigen, wie die Welt wirklich ist. Ich habe ihnen nicht den Tod gewünscht. Was mache ich jetzt? – In meiner Höhle habe ich noch viele kalte, stachelige Steine. Ich will sie mit den Leuten von Swabeedoo teilen.

Erzähler: Der Kobold geht und füllt über 100 Säckchen mit kalten, spitzen Steinen. Er bringt sie ins Dorf. Die Leute nehmen sie froh und dankbar an.

Swabeedooler 2: Jetzt haben wir wieder etwas, was wir uns schenken können. Kalte, spitze Steine verschenken, das macht aber nicht viel Spaß. Warme, weiche Pelzchen sind angenehmer.

Swabeedooler 1: Wer einen kalten, spitzen Stein verschenkt, der gibt dem andern gleichsam die Hand. Der Stein ist aber kein Zeichen der Liebe und Freundschaft.

Swabeedooler 2: Wenn man mir einen kalten, spitzen Stein schenkt, dann sind meine Finger oft zerkratzt. Ich weiß nicht, was der andere mir damit sagen will. Wie schön wäre es doch, wenn mir jemand wieder ein warmes, weiches Pelzchen schenken würde.

Ich fange wieder an, warme, weiche Pelzchen zu verschenken. Ich möchte, daß wir wieder glücklich und gesund werden.

Swabeedooler 1: Ich habe ein warmes, weiches Pelzchen gegeben und dafür einen kalten, spitzen Stein bekommen. So dumm bin ich nie wieder.

Erzähler: Doch einige Swabeedooler sehnen sich immer mehr nach Wärme und Freundschaft. In manchen Herzen fängt wieder ein Feuer der Liebe und Freundschaft zu brennen an, und einige fangen erneut an, sich warme, weiche Pelzchen zu schenken. Sie möchten gerne wieder so leben wie früher, sich warme, weiche Pelzchen schenken und schenken lassen. Aber ich glaube, es wird nie wieder Mode in Swabeedoo. Nur einige der kleinen Leute entdecken, daß sie weiterhin einander warme, weiche Pelzchen schenken können, ohne daß ihre Vorräte ausgehen.«

(Nach H. Laarmann, 1990, S. 157 ff.)

9. Zwischengesang mit Pelzchenaktion

Ein Funke, kaum zu sehen (Troubadour Nr. 6)

Ein Gruppenleiter/eine Gruppenleiterin verteilt mit seinen/ihren Gruppenmitgliedern Pelzchen an alle GottesdienstbesucherInnen.

13. Fürbitten

Priester: Herr Jesus Christus, wer zu dir gehört, ist dem Feuer nahe. Wir bitten dich:

1. Entzünde in uns, deiner Kirche, das Feuer deiner Liebe. Entflamme uns, daß wir zu Zeichen deiner Liebe und Nähe werden.
   Erhöre uns, Herr!
2. Erleuchte, Herr, alle, die zu dir gehören, und laß sie ganz fest zusammenhalten. Weise uns den Weg und führe zurück, wer sich verirrt hat.
   Erhöre uns, Herr!
3. Laß alle, die zu dir gehören, Feuer fangen und durch deine Nähe warm und leuchtend werden. Hilf uns, daß wir mit unserer Freude und Begeisterung andere anstecken.
   Erhöre uns, Herr!
4. Laß uns Feuer und Flamme sein für dich und dein Werk, und gib uns die Kraft, mit dir die Welt in Brand zu setzen und alle Unmenschlichkeit hinauszuschmelzen.
   Erhöre uns, Herr!

Priester: Denn du bist gekommen, um das große Feuer auf dieser Erde zu entzünden, das unsere Herzen reinigen und alle ergreifen will. Amen.

16. Gabengebet

Guter Gott, wir haben Brot und Wein auf den Altar gestellt. Mit diesen Gaben schenken wir uns dir selbst. Verwandle uns, daß wir Jesus ähnlicher werden, der sich verschenkt, einfach aus Liebe, ohne jede Berechnung. Laß uns Schenkende werden, damit die Menschen froher und glücklicher werden. Nur so kann dein Reich kommen. Amen.

21. Lied zum Friedensgruß mit Pelzchentauschaktion

Wo Menschen sich vergessen (Cantate Nr. 278)

Beim Friedensgruß wollen wir mit unserem Nachbarn die Pelzchen tauschen, so wie es die Swabeedooler getan haben.

24. Danklied (mit Bewegungen)

Das Kinder Halleluja. Anhang S. 182

Eine Kinder- oder Jugendgruppe untermalt dieses Lied mit Bewegungen. Die Ideen zur Umsetzung des Liedes in einen Feuertanz sind während einer Gruppestunde entstanden. Die Schrittfolge für dieses Lied setzt sich wie folgt zusammen:

Die Kinder bilden drei Kreise nebeneinander. Die Kinder eines Kreises schauen zum Kreisinneren, sitzen in der Hocke, und jedes Kind hat ein Chiffontuch in der Hand.

Kreis 1 stellt die Sonne mit dunkelgelben Tüchern dar.

Kreis 2 stellt die Sterne mit hellgelben Tüchern dar.

Kreis 3 stellt das Feuer mit Tüchern in verschiedenen rot-orange Tönen dar.

Die Kinder von Kreis 1 und 3 halten die Tücher mit der rechten Hand an einem Ende fest.

Die Kinder von Kreis 2 halten ihr Tuch zusammengeknüllt wie einen Ball zwischen beiden Händen.

1. Strophe: Kreis 1 tanzt.

Für die Sonne woll'n wir singen. Singt mit uns das Sonnen lied.	Kinder stehen langsam auf und führen den rechten Arm mit dem Tuch gestreckt in der Kreismitte nach oben, so daß die Tücher locker nach unten hängen. *(Aufgehen der Sonne)*
Sie strahlt hell in unser Leben,	Die Kinder machen eine viertel Drehung nach rechts und schwingen dabei das Tuch von innen über den Kopf nach außen zu Boden. *(Licht, Wärme, Strahlenkraft der Sonne)*
um uns Tag und Licht zu geben.	Kinder geben sich in der Kreismitte die linke Hand, halten den rechten Arm mit dem Tuch waagrecht nach außen und gehen vier Schritte in Tanzrichtung.

Gott will, daß es so geschieht. Gab die Sonne uns zur Schwester.	Kinder drehen sich wieder zur Kreismitte und geben ihrem rechten und linken Nachbarn die Hand. Jedes Kind hält in der rechten Hand ein Tuch, das zum Boden hängt.
Refrain:	
Darum singen wir halleluja, darum singen wir halleluja, darum singen wir halleluja,	Gehen in Tanzrichtung.
dir zum Dank das Sonnenlied.	Kinder lassen die Hände des Nachbarn los und führen beide Arme gestreckt über dem Kopf zusammen. Das Tuch bleibt hängend in der rechten Hand.

2. Strophe: Kreis 1 bleibt stehen; Kreis 2 tanzt.

Für die Sterne woll'n wir singen. Singt mit uns das Sternenlied.	Kinder stehen langsam auf und führen die Arme mit dem Tuch über den Kopf. *(Aufgehen der Sterne)*
Hoch am Himmel in der Ferne leuchten nachts für uns die Sterne.	Kinder drehen sich um ihre eigene Achse. *(Leuchten der Sterne)*
Gott will, daß es so geschieht. Gab die Sterne uns zu Schwestern.	Wie Strophe 1; nur bilden Kreis 1 und Kreis 2 einen gemeinsamen Kreis.
Refrain	s. o.

3. Strophe: Kreis 1 und 2 bleiben stehen; Kreis 3 tanzt.

Für das Feuer woll'n wir singen. Singt mit uns das Feuerlied.	Kinder stehen auf und wedeln mit ihrem Tuch leicht in Kniehöhe. *(Flammen des Feuers)*

Rote Glut und helle Flammen. Wärmt euch und rückt eng zusammen!	Kinder schwingen das Tuch hoch nach oben, strecken sich dabei und gehen auf die Zehenspitzen. Tuch wieder nach unten schwingen und dabei in die Hocke gehen. *(Aufflackern der Flamme)*
Gott will, daß es so geschieht. Gab das Feuer uns zum Bruder.	Wie Strophe 1; alle Kreise bilden einen Kreis.
Refrain	Alle tanzen gemeinsam. (s. o.)

25. Schlußgebet

Gott, wir danken dir, daß du uns in diesem Mahl beschenkt hast mit deiner Nähe und Liebe, mit Jesus Christus, deinem Sohn. Durch ihn machst du unser Leben hell und froh, leuchtend und warm. Laß uns nun durchscheinende Gefäße sein wie diese gläserne Lampe, in der ein Friedensfeuer brennt. Du willst durch uns hindurch leuchten und die Welt hell und warm machen. Wir danken dir, daß du uns dein Licht geschenkt hast. Vertreibe nun in uns alle Finsternis durch Jesus Christus, der Licht von deinem Licht ist. Amen.

Ausblick

Erfahrungen und Eindrücke dieses Gottesdienstes sollen uns in der Adventszeit begleiten. Und nicht nur begleiten, sie sollen uns motivieren, selbst »Licht« zu sein. Was dies für Sie in all seiner Vielfalt bedeutet, bleibt Ihrer Phantasie und Kreativität und Ihren »Lichterlebnissen« überlassen.

Wir wünschen Ihnen einen Weg nach Weihnachten, der vorbei geht an kleinen und großen Lichtern.

Luft-Gottesdienst
»Atem bedeutet Leben«

Einblick

Atem einhauchen, bedeutet Leben einhauchen.

Die Fähigkeit des Atmens erlaubt es den Menschen und Tieren, die Welt zum Klingen zu bringen, in Laut, Schrei, Sprache und Musik. Ohne Wind und Luftzug wären wir unfähig, Schwingungen zu hören.

Schwingung aber entsteht nur, wo ein Widerstand ist. Indem ich Widerstand schaffe oder ihm begegne, schaffe ich Kraft. Alle Lebendigkeit ist ein Schwingen, ausgehend von der Kraft, die in Spannung und Widerstand liegt.

Was im Element Luft geschieht, spiegelt sich immer auch im Dasein des Menschen überhaupt. Wer Widerstände vermeiden will, macht die Luft dumpf, läßt sein Leben nicht schwingen. Menschen, die keinen Widerstand aushalten, »drehen sich wie ein Fähnchen im Wind«. Sie passen sich der Meinung anderer an, nur um den eigenen Standpunkt nicht vertreten zu müssen, um nicht mit anderen Sichtweisen konfrontiert zu werden. Und mit der Zeit geht der eigene Standpunkt oft ganz verloren.

Die Luft ist uns so selbstverständlich geworden, daß wir über sie weit weniger staunen als über Erde, Wasser und Feuer. Erst wenn sich eine Dunstglocke vergifteter Luft über unseren Städten bildet, schrecken wir auf.

Erst einmal tief Luft holen, damit einem die Puste nicht ausgeht, und dann kann's auch schon losgehen bzw. loswehen …

Wir wünschen Ihnen einen langen Atem, wenn es darum geht, frischen Wind in den Gottesdienst zu bringen.

Auf einen Blick – Kurzablauf des Gottesdienstes

1. Einzug
2. Eingangslied
   Windlied (Knackfrosch 2, S. 232)
3. Begrüßung
4. **Einführung in die Thematik**
   Anspiel
5. **Kyrie-Text**
6. Kyrie-Ruf
   Kyrie (Erdentöne – Himmelsklang Nr. 3)
7. Gloria
   Ehre sei dir, unser'm Gott (Cantate Nr. 32)
8. **Tagesgebet**
9. **Lesungstext**
   »Preist den Wind!«
10. Zwischengesang
    Herr, erwecke deine Kirche (Cantate Nr. 269)
11. Evangelium Markus 4,36–41
    Der Sturm auf dem See
12. Gedanken
13. Glaubensbekenntnis
14. **Fürbitten**
15. Fürbittruf
    Wenn der Wind weht (Feuer, Erde, Wasser, Luft Nr. 118 nur Refrain)
16. Lied zur Gabenbereitung
    Brot, das die Hoffnung nährt (Cantate Nr. 71)
17. Gabengebet
18. Präfation
19. Heilig
    Alles, was atmet (Cantate Nr. 214)
20. Hochgebet
21. Vater Unser
22. Lied zum Friedensgruß
    Gott gab uns Atem (Erdentöne – Himmelsklang Nr. 181)

23. Lamm Gottes
24. Kommunion
25. Wünsche
26. Schlußgebet
27. Segen
28. Schlußlied
Unser Leben sei ein Fest (Cantate Nr. 235)

Durchblick – die TIM (Text-Inhalt-Methode-Erklärungen)

4. Einführung in die Thematik

Anspiel 1

Person 1: (Schreibt einen Brief.)

Person 2: (Kommt dazu und verschüttet etwas über den Briefbogen.)

Person 1: Hey, kannst du nicht aufpassen! Du bist wirklich ein Tolpatsch. Jetzt kann ich wegen dir noch einmal von vorne anfangen. Schau mal, wie der Brief jetzt aussieht.

Person 2: Entschuldige. Jetzt reg dich doch nicht so auf. Du hast doch erst zwei Zeilen geschrieben.

Person 1: Na und! Aber jetzt muß ich noch einen Bogen von meinem schönen Briefpapier nehmen, nur weil du zu schusselig zum Trinken bist.

Person 2: Es war doch keine Absicht.

Person 1: Ach, laß mich bloß in Ruhe!

Person 2: Wie kann man wegen drei Tropfen Wasser nur so in die Luft gehen?
(geht weg)

Person 3: (Kommt mit einem Heft in der Hand auf Person 1 zu.)
Kannst du mir mal bei Mathe helfen, ich verstehe das nicht?

Person 1: Nein, ich mache heute nichts mehr. Mir reicht's!

5. Kyrie-Text

(Ein Windrad wird hochgehalten.)

Manchmal machen wir zu viel Wind um eine Sache und verschwenden so unsere Kraft an Kleinigkeiten. Um sich für Wichtiges einzusetzen, fehlt uns dann oft die Lust und Energie.
Herr erbarme dich.

4. Einführung in die Thematik

Anspiel 2

Person 1: *(Trifft sich zufällig mit Person 2.)*
Hallo!

Person 2: Hallo. Heute war es ja wieder nervig in der Schule. Die anderen haben ja einen »tollen« Vorschlag für den Wandertag gemacht. An einen See laufen und grillen. Na, toll! Ist doch total langweilig, oder?

Person 1: Ja, stimmt. Dazu hab' ich auch keine Lust.

Person 2: Naja, vielleicht fällt uns ja noch etwas Besseres ein. Also bis morgen dann.

Person 1: Tschüß!
(Person 1 trifft Person 3.)

Person 3: Hallo. Na, wie findest du meinen Vorschlag für den Wandertag? Wird bestimmt gut am See, oder?

Person 1: Ja, war eine gute Idee.

Person 3: Na, hoffentlich denken die anderen auch so?

Person 1: Bestimmt. Also, tschüß.

Person 3: Tschüß.

5. Kyrie-Text

(Eine Fahne wird hochgehalten.)

Wir drehen uns manchmal wie das Fähnchen im Wind, nur um mit jedem gleich gut auszukommen und jeder Auseinandersetzung aus dem Wege zu gehen. Unsere Ehrlichkeit zu anderen und zu uns selbst bleibt dabei auf der Strecke.
Christus erbarme dich.

4. Einführung in die Thematik

Anspiel 3

Person 1: (Person 1 ist der Gruppenleiter/die Gruppenleiterin und kommt gerade in die Pfarrei, um seine/ihre Gruppenstunde zu halten.)

Person 2: Was machen wir heute?

Person 1: Ich habe Material dabei, um Windräder zu basteln.

Person 2: Kann ich nicht.

Person 3: Keine Lust.

Person 1: Jetzt probiert's doch erst einmal. Ich helfe euch.

Person 4: Also kommt, probieren wir's.

Person 2: Ist doch langweilig.

Person 1: Hast du schon einmal eines gebastelt?

Person 2: Nein. Aber ich denke mir, daß es so ist.

Person 3: Viel zu anstrengend, hab' keine Lust.

Person 4: Ach, naja. Jetzt habe ich auch keine Lust mehr.

5. Kyrie-Text

(Ein aufgeblasener Luftballon wird hochgehalten. Während der Kyrie-Ruf vorgelesen wird, läßt man langsam die Luft aus dem Luftballon.)

Oft geht uns die Luft aus. Wir lassen uns von der Lustlosigkeit anderer anstecken und lehnen Dinge aus Bequemlichkeit ab, ohne sie überhaupt ausprobiert zu haben.

Herr erbarme dich.

8. Tagesgebet

Erfrischender Gott,

du bist manchmal Luft für uns. Wir sehen und spüren dich nicht, oder besser gesagt: Wir wollen dich nicht sehen, den frischen Wind, den du in unser Leben bringen möchtest, wollen wir oftmals nicht spüren.

Und es stimmt doch: Du bist Luft für uns. Luft, die wir zum Leben brauchen, ohne die sich nichts bewegt. Wir danken dir, daß du für uns Luft bist. Luft, die uns antreibt und erfrischt, auf unserem Weg mit dir und zu dir. Amen.

9. Lesungstext

»Preist den Wind!«

Wie der Wind auftritt, was er in uns bewirken, aber auch zerstören kann, diese Erfahrungsfülle spricht Werner Bergengruen in seiner »Ballade vom Wind« sehr bildhaft an:

»Preist den Wind!
Preist den Wind! Gott gab dem Winde
oberhalb der Erdenrinde
alles in sein Eigentum,
alle Meere, alle Länder,
gab ihm Masken und Gewänder:
Tramontana und Samum,
Zephyr, Blizzard, Föhn und Bora,
Mistral, Eurus und Monsun;
Hurrikan, Passat und Ora
und Tornado und Taifun. [...]

Wälderdurchbrauser und Steppendurchschweifer,
dunkler Bläser und heller Pfeifer,
hetzt er Schwalbe und Kormoran,
wühlt in den Mähnen der jagenden Rosse,
schleudert er Drachen, Schiffe, Geschosse,
Adler und Geier aus ihrer Bahn.

Kerzenverlöscher und Flammenschürer.
Nebelzerteiler und Wolkenführer,
schäumiger Wellen johlender Freier,
Trinker der Tränen, Zereißer der Schleier,
rauchblau, schwärzlich und hagelweiß,
Tücherbauscher,
Seelenberauscher,
kindlicher Spieler und zorniger Greis.

Ungebändigt im Springen und Streunen,
reißt die Dächer er von den Scheunen

und von den Herzen die Schwermut los,
kühner Beflügler, ewiger Dränger,
mächtiger Löser und Kettensprenger,
Felsenrüttler und Wipfelbeuger,
großer Zerstörer und größerer Zeuger,
Flötenruf und Posaunenstoß,
reisiger Feger des Himmelshauses,
Abbild des pfingstlichen Geistgebrauses –
preist den Wind!
Der Wind ist groß. [...]«

14. Fürbitten

Priester: Jesus, du bist mit deinen Freunden über den See gefahren. Den großen Sturm und die mächtigen Wellen hast du ganz still gemacht. Manchmal stürmt es auch in uns. Dann sind wir ganz heftig. Wenn du da bist, werden wir Ruhe haben, werden wir still werden. Höre unsere Bitten:

(Vor jeder Fürbitte werden Seifenblasen in die Luft geblasen.)

1. Oft zerplatzen unsere guten Vorsätze wie Seifenblasen im Wind. Wir behandeln andere wie Luft, nur weil sie nicht genauso denken wie wir. Wir müssen endlich kapieren, auch andere Meinungen gelten zu lassen. Schenke du uns den Atem dazu.
2. Oft zerplatzen unsere guten Vorsätze wie Seifenblasen im Wind, und an allem sind weiterhin nur die anderen schuld. Wir müssen endlich einsehen, daß der Friede bei uns anfängt. Schenke du uns den Atem dazu.
3. Oft zerplatzen unsere guten Vorsätze wie Seifenblasen im Wind, und alles bleibt, wie es ist. Mit ein bißchen mehr Mut und Einsatz könnten wir viel bewegen. Schenke du uns den Atem dazu.
4. Oft zerplatzen unsere guten Vorsätze wie Seifenblasen im Wind, und wir zerstören weiterhin deine Schöpfung. Erde, Feuer, Wasser und Luft sind uns nur einmal gegeben. Wir müssen heute beginnen, deine Schöpfung zu bewahren. Schenke du uns den Atem dazu.

5. Nicht immer zerplatzen unsere guten Vorsätze und Ideen wie Seifenblasen im Wind! Gerade in unserer Gemeinde ist viel Toleranz und Entgegenkommen zu spüren, wenn wir versuchen, mit unseren Ideen frischen Wind in unsere Gottesdienste und in unsere Gemeinschaft zu bringen. Wir sagen DANKE für diesen frischen Atem, der uns entgegenbläst.

Priester: Darum bitten wir dich, atemspendender Gott. Amen.

25. Wünsche

(Es werden dazu die gleichen Symbole hochgehalten, wie bei den Kyrie-Texten.)

1. Ein Windrad hat etwas Lebendiges an sich.
   Wir wünschen euch in eurem Leben Menschen, die fröhlich sind und euch aufmuntern, auch wenn mal zu viel Wind um eine Sache gemacht wird.
   (Das Windrad wird hochgehalten.)
2. Es ist einfach, sich wie eine Fahne im Wind zu drehen. Es ist der Weg des geringsten Widerstandes.
   Wir wünschen euch in eurem Leben Menschen, die mit euch zusammen die Kraft aufbringen, sich gegen den Wind zu drehen.
   (Die Fahne wird hochgehalten.)
3. Manchmal haben wir das Gefühl, daß die Luft aus uns raus ist.
   Wir wünschen euch in eurem Leben Menschen, die immer wieder mit euch zusammen auf's neue tief Luft holen.
   (Der Luftballon wird wieder aufgeblasen und hochgehalten.)

26. Schlußgebet

Lebenspendender Gott,
als du das letzte Mal mit deinen Jüngern beim Essen zusammen warst, war dir bewußt, daß deine Atemzüge auf dieser Erde gezählt sind, daß es Menschen gibt, die dir die Luft abdrücken werden. Und trotzdem hattest du noch die Kraft, deinen Freunden Mut zuzusprechen, frischen Wind in ihren lahm gewordenen Glauben zu blasen.

Gott ist Atem, Gott ist Leben. Er drückt uns nie die Luft ab. Im Gegenteil: Er schenkt uns, durch den Glauben an ihn, langen Atem, um auch nach Durststrecken, nach Lebensabschnitten, in denen wir nach Atem ringen, Luft in Fülle zu haben. Amen.

Ausblick

Eine »Notration Luft« kann wohl jeder Mensch in seinem Leben einmal gebrauchen. Die Erinnerung an diesen Gottesdienst kann solch eine Notration sein: Ruhig werden, innehalten, tief ein- und ausatmen, bis wieder Ruhe und frische Luft in meinen Körper eingekehrt ist. Aber Dinge, die nicht sichtbar sind, vergessen wir schnell. Deswegen ist eine Erinnerungsstütze zum mit nach Hause nehmen nicht schlecht.

Ein aufgeblasener Luftballon mit der Aufschrift »Notration Luft« und einen darangebundenen Brief, der die Wünsche aus dem Gottesdienst beinhaltet, ist eine Möglichkeit. In diesem Brief kann auch eine Atemübung für die Zwischenpausen im Alltag versteckt sein. *(Meditations- und Entspannungsbücher haben da oft gute Ideen.)*

Wir wünschen einen langen Atem beim Pusten, Singen, Blasen oder Wehen …

Erde-Gottesdienst
»In der Erde ist ganz schön was los!«

Einblick

Erde ist das ursprünglichste der vier Elemente. Sie steht für den Stoff, aus dem alles gestaltet ist, vor allem das feste Land, sei es Gestein, Wüste oder fruchtbarer Boden, aber auch Pflanzen, Tiere und die Menschen. Selbst das Wasser, das Ursprung und Bild für Leben ist, bedarf eines tragenden Grundes, der Erde. Erde ist der Name für die Welt, auf der wir leben.

»Rückkehr zur Erde heißt heute, einen pfleglichen Umgang mit ihr üben, unsere Abhängigkeit von ihr realisieren, den Tod in unser Dasein einbeziehen und den Weg geistig-geistlicher Verdrängungen verlassen. Nicht der Himmel unserer technischen, geistigen, persönlichen Möglichkeiten, sondern die Erde unserer Wirklichkeit ist die Basis unseres Daseins. Das zeigt uns das Symbol Erde in ihrer vielfältigen Darstellung.« (Moltmann-Wendel, S. 18)

Wer die Möglichkeit zur Gartenarbeit hat, lernt die Erde in einer besonders intensiven Weise kennen. Bei genauerem Hinschauen kann man Bewegung erkennen. Ameisen, Käfer, Würmer, Maulwürfe, Engerlinge usw. haben dort ihren Lebensraum. Erde ist die Grundlage für alles, was wächst. Für uns Grund genug, uns in diesem Gottesdienst näher damit zu beschäftigen.

Auf einen Blick – Kurzablauf des Gottesdienstes

1. Einzug
2. Eingangslied
   Was kann man aus der Erde alles machen (Erde, Feuer, Wasser, Luft Nr. 71)
3. **Begrüßung**
   Einführung in die Thematik

4. Kyrie-Lied
   Herr, erbarme dich (Cantate Nr. 28)
5. Gloria
   Ehre sei dir, unser'm Gott (Cantate Nr. 32)
6. **Tagesgebet**
7. **Lesungsanspiel**
   Geschichte nach dem Bilderbuch »Im Traum kann ich fliegen« von Eveline Hasler und Käthi Bhend.
8. Zwischengesang
   Wo zwei oder drei (Cantate Nr. 246)
9. Evangelium Johannes 12, 24–26
   Die letzte öffentliche Rede Jesu – Die Stunde der Entscheidung
10. Gedanken
11. Glaubensbekenntnis
12. **Fürbitten**
13. Fürbittruf
    Erde, die Felsen deckt (Erde, Feuer, Wasser, Luft Nr. 74 nur Refrain)
14. Lied zur Gabenbereitung
    Eine Handvoll Erde (KJG-Songbuch 3, S. 16)
15. Gabengebet
16. Präfation
17. Heilig
    Heilig (Cantate Nr. 77)
18. Hochgebet
19. Vater unser
20. Lied zum Friedensgruß
    Noch ist die Erde nicht verheilt (Cantate Nr. 280)
21. Lamm Gottes
22. Kommunion
23. Danklied
    Kleines Senfkorn Hoffnung (Cantate Nr. 152)
24. **Schlußgebet**
25. **Erklären und Austeilen des Symboles**
26. **Segen**
27. Schlußlied
    So gibt euch Gott ein Lebenszeichen (Cantate Nr. 217)

Die »Durchblick-Hilfen« zum Beginn: Für diesen Gottesdienst sollten alle Mitfeiernden ein bißchen Erde bekommen, die anschließend mit nach Hause genommen werden kann. Uns fiel als Aufbewahrungsgefäß ein Plastikbecher ein. (Sollte der Gottesdienst im kleinen Rahmen gefeiert werden, sind auch Tontöpfe denkbar.) Man kann die Erde zum Befühlen in die Hand nehmen und sie dann für den weiteren Gottesdienstverlauf wieder zurück in den Plastikbecher geben. Vor dem Altar sollte ein großer Erdhaufen aufgeschüttet sein, indem sich die Papptiere / Handpuppen samt der Schatzkiste(Inhalt: siehe Begrüßung) befinden. Schön wäre es, wenn die verschiedenen Tier auch über das Liedblatt kriechen würden.

3. Begrüßung

Einführung in die Thematik

Sprecher: Heute wollen wir Sie »erdmäßig« begrüßen. Und denken Sie jetzt nicht: Was ist denn in der Erde schon los? Jeder von Ihnen hat einen Becher mit Erde vor sich stehen. Riechen Sie einfach einmal daran, nehmen Sie sie in die Hand und machen Sie die Augen dabei zu. Vielleicht erinnern Sie sich an Ihre Kindheit, als Sie mit Erde spielten und tolle Dinge bauten? Oder an Gartenpflanzaktionen, barfuß laufen über die Erde und, und, und.

Wir haben hier vor dem Altar einen großen Erdhaufen aufgeschüttet. Gibt es jemanden unter Ihnen, der ihn genauer untersuchen möchte?

(Die Gottesdienstbesucher haben die Möglichkeit nach vorne zu kommen, um gemeinsam mit dem Sprecher im Erdhaufen zu suchen. Dabei werden die fünf Papptiere / Handpuppen gefunden.)

Hallo ihr fünf, ich bin … *(Name des Sprechers).* Wer seid ihr denn?

Engerling: Ich bin der Engerling und wohne in der Wurzelstube. Eigentlich komme ich nicht so gerne ans Licht. Aber für Sie mache ich eine Ausnahme.

Zwei Würmer: Das ist Schnurps, und ich bin Knurps. Wir beide wohnen im Erdloch.

Rottolo: Ach, ich bin ganz aufgeregt. Sonst werde ich immer übersehen und muß gut aufpassen, daß mich keiner zertritt. Und jetzt soll ich zu Ihnen allen reden.

Sprecher: Naja, eine lange Rede sollst du nun nicht gerade halten. Stell dich vor und sag wer du bist.

Rottolo: Na gut, kurz und bündig. Ich bin Rottolo, der kleine Käfer.

Ria: Ich bin die letzte von uns Fünfen. Mein Name ist Ria, und ich bin eine Raupe. Unsere Geschichte, und warum wir heute dabei sind, werdet ihr dann noch erfahren. Ach, fast hätte ich es vergessen, wir haben ein Kästchen dabei mit verschiedenen Dingen. Pack es ruhig gleich einmal aus. Viel Spaß dabei und tschüß bis später.

Sprecher: (Öffnet mit gespanntem Gesichtsausdruck die Schatzkiste.) Hm, was haben wir denn da? Ein Blatt von einer Pflanze, ein Kartenspiel, Nußschalen, Fäden, eine Zwiebel und einen Schlüssel. Ich weiß zwar nicht, was all das zu bedeuten hat, aber ich denke, wir warten ab, was ihr sozusagen »live aus der Erde« zu erzählen habt. Drum grabt euch nicht zu tief ein, damit wir euch später wieder finden.

6. Tagesgebet

Du Gott des Himmels und der Erde,
vieles ist für unsere Augen unsichtbar in der Erde. Wenn wir uns Zeit nehmen, näher hinzusehen, können wir einiges erblicken. In diesem Gottesdienst wollen wir in uns auf Entdeckungsreise gehen. Wir wollen auf tiefere Schichten vorstoßen, offen werden für all die Erfahrungen, Erlebnisse und Geheimnisse, die du mit uns teilst. Amen.

7. Lesungsanspiel

Geschichte nach dem Bilderbuch »Im Traum kann ich fliegen« von Eveline Hasler und Käthi Bhend.

An dieser Stelle sind mehrere Umsetzungsmöglichkeiten denkbar. Das Bilderbuch »Im Traum kann ich fliegen« hat aussagekräftige Bilder. Eine Variante wäre, die einzelnen Seiten abzufotografieren, um die Geschichte anhand von Dias zu erzählen.

In jedem Menschen schlummern schauspielerische Fähigkeiten. Mit unserem zweiten Vorschlag können Sie diese voll bzw. tierisch ausleben. Schlüpfen Sie in tolle Kostüme, die unseren fünf Erdbewohnern ähneln, oder setzen Sie die Geschichte mit Hilfe der Papptiere / Handpuppen um. Die Symbole aus der Begrüßungskiste werden nun miteingebaut. Und dann kann's auch schon losgehen:

Sprecher: »Über der Erde wirbelt der Sturm die Blätter von den Bäumen. Es ist Herbst geworden. *(Menschen mit Blättern in der Hand gehen durch die Kirche und ahmen mit Geräuschen einen Sturm nach.)*

Unter der Erde richten sich die Tiere für den Winter ein. Dabei wollen wir unsere fünf Freunde etwas genauer beobachten. Jeden dritten Abend spielen die Freunde in der Wurzelstube des Engerlings Karten.

Rottolo: Ach Käfer, jetzt habe ich schon wieder verloren – warum eigentlich immer ich?

Ria: Du Rottolo, gewinnen ist nicht alles. Schau, du bist klein, aber oho. Komm, lach' wieder. Bestimmt gewinnst du als nächster.

Sprecher: Und schon ist Rottolos Mißmut verschwunden. Er kann ja gar nicht lange böse sein.

Schnurps: Puuuh, langsam wird es kalt, aber wir haben den Winter nicht zu fürchten, stimmt's, Knurps?

Knurps: Wollt ihr mitkommen in unser Erdloch? Wir zeigen euch unsere Wintervorräte.

Sprecher: Alle gehen mit und besehen sich die Vorräte. Es gibt merkwürdige Bissen, die in Blättern und Nußschalen aufbewahrt werden.

Rottolo: Auch ich habe Vorräte! Kommt und schaut.

Sprecher: In einem Stübchen, so rund wie der Käfer, versteckt er seine Leckerbissen unter dem Bett, damit sie ihm nachts niemand stiehlt.

Rottolo: Du Ria, deine Stube haben wir noch nie gesehen, doch wir können ja gleich einmal bei dir vorbeischauen.

Ria: So kommt halt.

Sprecher: In Rias Zuhause staunen die Freunde. Sie sehen farbige Muster und seltsame Fäden.

Schnurps: Und wo sind deine Vorräte für den Winter, Ria?

Ria: Farben und Fäden sind mein Vorrat. Ich brauche nichts zu essen, ich brauche nur Träume.

Knurps: Soll das einer verstehen?

Rottolo: Ich jedenfalls kapiere nichts!

Engerling: Jeder soll es haben, wie es ihm paßt. Auch ich träume jede Nacht. Im Traum kann ich fliegen! Das ist wunderbar! Im übrigen habe auch ich einen Vorrat, aber er ist ein Geheimnis. Erst wenn alles andere aufgezehrt ist, wollen wir ihn gemeinsam essen. Bis dahin ist die Tür verriegelt, und der Schlüssel hängt an einem Nagel an der Wand meiner Stube.

Sprecher: Mit diesen Worten zeigt der Engerling zur Tür seiner Vorratskammer. Rottolo denkt über das eben Gesagte nach.

Rottolo: (spricht leise zu sich selbst)
Vielleicht kann ich ja doch das Geheimnis entdecken?

Sprecher: An einem Nachmittag, als der Engerling unterwegs ist, nimmt er den Schlüssel und öffnet die Tür. Eine riesige Zwiebel füllt das Kämmerchen aus.

Rottolo: Hmm, wie saftig und lecker diese Zwiebel aussieht. Mir läuft das Wasser im Mund zusammen. Ich muß sie einfach probieren. Nur ein kleines bißchen, ganz unten, wo es niemand sieht.

Sprecher: Das Erdleben geht weiter seinen Gang. Über der Erde schneit es dicke Flocken und die Freunde treffen sich abends zum Kartenspiel, nur Ria fehlt. Rottolo geht auf die Suche und findet Ria in ihrer Kammer – eingesponnen in viele Fäden.

Rottolo: Warum versteckst du dich Ria? Komm, wir wollen Karten spielen.

Ria: Ich träume …

Rottolo: Wovon träumst du denn?

Ria: Von Farbe und Luft!

Sprecher: Zurück in der Wurzelstube erzählt Rottolo seinen Freunden, was er gesehen und gehört hat. Der Engerling schaut in seine Karten und murmelt:

Engerling: Schade, sie ist ein bißchen überspannt, unsere liebe Raupe.

Knurps: Keine Sorge Rottolo! Wenn das Fräulein besser gelaunt ist, kommt es wieder mit uns spielen.

Sprecher: Mit der Zeit wird es immer kälter, und die Vorräte gehen zur Neige. Alle wünschen sich den Frühling herbei. Eines Abends nimmt der Engerling den Schlüssel zu seiner Vorratskammer und sagt zu seinen Freunden:

Engerling: Jetzt ist die Zeit für mein Geheimnis gekommen.

Sprecher: Gemeinsam machen sie sich auf den Weg dorthin. Der Engerling sperrt auf, und was müssen sie sehen? Eine geplatzte Zwiebel mit vielen, vielen Fäden.

Engerling: Meine Zwiebel ist tot, oh meine schöne Zwiebel.

Rottolo: Ach Engerling, ich habe nur einen kleinen Bissen genommen, ehrlich! Einen einzigen Mundvoll! Nein, ich bin nicht schuld.

Sprecher: Alle rufen nach Ria und wollen ihr das Unglück zeigen. Aber Ria kommt nicht. Als sie in ihrer Wohnung nachsehen, finden die Freunde ein Fadengespinst.

Rottolo: Mach keine Faxen Ria. Komm heraus!

Sprecher: Es kommt keine Antwort, und die Freunde sehen, daß das Fadengehäuse leer ist. Es ist ein schwarzer Tag für sie. Sie trauern um Ria und die Zwiebel. Über der Erde schmilzt der Schnee und warme Luft kündet den Frühling. Auch unter der Erde wird es wärmer. Schnurps und Knurps werden munter und fangen an Gräben zu graben. Schnurps kommt dabei mit dem Kopf über die Erdoberfläche, Licht und Luft umgeben ihn. Er staunt über diese Welt, bis er etwas sieht …

Schnurps: Knurps, komm und sieh! Direkt über der Vorratskammer des Engerlings steht ein grüner Stengel mit einer roten Knospe.
(Die beiden Würmer betrachten die Knospe.)
Komm, Licht und Luft sind nichts für unsereinen.

Sprecher: Die beiden Würmer suchen den Engerling und erzählen von ihrer Entdeckung. Der Engerling will es nicht glauben und macht sich auf, zu einer mühsamen Wanderung durch das Erdreich. Oben angekommen, sieht er die Blüte in all ihrer Schönheit und einen Nachtfalter, der die Blume umgaukelt.

Nachtfalter: Engerling, kennst du mich?

Engerling: Das ist ja Ria! Ich erkenne dich an den Mustern auf deinen Flügeln. Und wie herrlich du fliegst. Und ich träume jede Nacht vom Fliegen.

Nachtfalter: Hab nur Geduld Engerling. Eines Tages kannst auch du fliegen.«

12. Fürbitten

Priester: Guter Gott, wir bringen dir mit unseren Bitten Symbole, die für unser Leben stehen:

1. *Rottolo:*

   Ich bringe einen Schlüssel.

   Für jeden Schlüssel gibt es ein passendes Schloss. Manchmal muß man gut hinsehen, um es zu finden. So ist es auch mit den Menschen. Der erste Blick entscheidet über Ab- oder Zuneigung. Laß uns gemeinsam mit dir öfters hinsehen, um damit den anderen Menschen eine Chance zu geben.

   (Der Schlüssel wird auf den Altar gelegt.)

2. *Knurps:*

   Ich bringe ein Kartenspiel.

   Ein Kartenspiel alleine spielen ist langweilig, das Spiel mit anderen macht den Reiz aus. Wir leben in einer Gemeinschaft mit Menschen, von denen jeder seine Schwächen und Stärken hat. Laß diese Erkenntnis fest in uns geerdet sein für einen besseren Umgang miteinander.

   (Das Kartenspiel wird auf den Altar gelegt.)

3. *Ria:*

   Ich bringe Fäden.

   Fäden, in die wir uns manchmal selber hineinspinnen, so daß wir den Blick für unsere Umwelt verlieren. Sei bei uns in »eingesponnenen Zeiten«, aber gib uns auch die Kraft zur Befreiung, um manche Fäden neu oder anders zu knüpfen.

   (Die Fäden werden auf den Altar gelegt.)

4. *Schnurps:*
   Ich bringe Erde und ein Blatt mit.
   Die Erde steht für das, was wir in uns tragen, und das Blatt dafür, was nach außen sichtbar wird. Oft sind unsere Blattformen und Farben nicht natürlich gewachsen, sondern künstlich geformt. Unterstütze uns in einem offenen und wahrhaften Umgang mit Mensch, Tier und Umwelt.
   (Die Erde und das Blatt werden auf den Altar gelegt.)

5. *Engerling:*
   Ich bringe dir eine Zwiebel.
   Oft ist es sehr schwer für uns zu begreifen, daß etwas zu Ende geht und stirbt. Sei du in diesen Zeiten mit uns, und öffne uns den Blick für neues Leben, das daraus wächst.
   (Die Zwiebel wird auf den Altar gelegt.)

Priester: All das bringen wir zu dir, guter Gott. Amen.

24. Schlußgebet

Du Gott des Himmels und der Erde,
vieles haben wir nun gehört und gesehen. Vom Leben unter und über der Erde, von Veränderungen bis hin zum Tod, aus dem neues Leben wächst. Diese Bilder und Gedanken werden uns weiterbegleiten in unseren Alltag. Sie sollen uns Mut machen und uns die Kraft geben, Veränderungen anzunehmen und in jedem Ende einen neuen Anfang zu finden – wenn vielleicht auch nach längerem Suchen. Gemeinsam mit dir sind wir unterwegs. Amen.

25. Erklären und Austeilen des Symboles

Sprecher: Am Ende dieses Gottesdienstes möchten wir Ihnen etwas mitgeben. Einen Teil haben Sie schon, Ihren Becher mit Erde. Wo Erde ist, kann etwas wachsen. Jeder von Ihnen bekommt eine Tulpenzwiebel, verbunden mit dem Wunsch nach guten »Erd-, Wachs- und Blüherfahrungen«. Sollte Ihnen die Erde nicht reichen, nehmen Sie sich von unserem Erdhügel hier vorne noch etwas mit. Wir wünschen Ihnen viel Spaß und Geduld beim Pflanzen, Pflegen und Beobachten.

26. Segen

Liebender Gott,
segne uns,
damit wir
wurzeln im Vater,
blühen im Sohn,
wachsen im Heiligen Geist.
(Teresa von Avila)

Ausblick

Dieser Gottesdienst hat sich intensiv mit etwas beschäftigt, was wir Jahr für Jahr neu wahrnehmen: Wachsen und Vergehen. Manchmal fallen uns diese Veränderungen schon gar nicht mehr auf, weil es jedes Jahr so ist. Wir machen uns über Alltägliches wie z. B. Erde keine Gedanken. Dieser Gottesdienst bietet die Möglichkeit zur »Erdung«.

Wir wünschen Ihnen, daß Ihr Erdblick sich verändert hat und Sie von Rottolo, Engerling, Ria, Schnurps und Knurps noch eine Zeit lang begleitet werden.

Wasser-Gottesdienst
»Das Wasser lehrt und das rechte Leben«

Einblick

Es gibt so viele Assoziationen und Phantasien zum Wasser, wie es Menschen gibt. Wenn wir an den Urlaub denken, verbinden wir mit Wasser zuerst einmal Meeresrauschen, Wellen und Erholung. Einem Chemiker fällt zu Wasser vielleicht zuerst die Formel H_2O ein. Ein Maler erinnert sich spontan an die Farbe blau und die verschiedenen Farbnuancen dazu. Für ein junges Elternpaar ist die Taufe ihres ersten Kindes ein eindrucksvolles Erlebnis. Ein Kind denkt womöglich an das lästige Händewaschen vor dem Essen oder an den nächsten Wasch- und Badetag.

Diese menschlichen Assoziationen sind immer bedürfnis-, situations- und stimmungsabhängig. Wenn ich durstig bin, ist Wasser für mich »Mittel zum Zweck«, Bedürfnisbefriedigung. Wenn ich traurig bin, denke ich vielleicht an Tränen oder an einen düsteren Regentag. Wenn es mir gut geht, fällt mir ein Schwimmbad oder ein Regenbogen ein. Die Gedankenreihen zum Wasser sind, wie die Beispiele zeigen, vielgestaltig und mit positiven und negativen Gefühlen verbunden.

Wasser spendet Leben, Wasser verschlingt Leben, Wasser heilt, Wasser vernichtet, Wasser führt den Anfang herauf und das Ende. Die Fülle dieser Bilder wird verständlich, wenn wir uns Wasser als das grundlegende Element bewußt machen, das uns am Beginn unseres Lebens umgibt. Im Fruchtwasser ist der Embryo warm eingebettet und geschützt, dort wird er durch die Bewegungen der Mutter sanft gewiegt. »So wird also das Wasser zu einem Schlüsselwort menschlicher Existenz. Aus dem Wasser wird der Mensch geboren, nach dem Wasser verlangt er, solange er lebt. Wasser bedroht, Wasser rettet ihn. Wasser hat reinigende und erneuernde Kraft, deshalb verwundert es uns nicht, daß es in der Taufe dazu dienen darf, die Wiedergeburt im Glauben zu bewirken.« (Betz, 1987, S. 67)

Auf einen Blick – Kurzablauf des Gottesdienstes

1. Einzug
2. Eingangslied
   (instrumental)
3. Begrüßung
4. **Einführung in die Thematik**
   Anspiel
5. **Kyrie-Text**
6. Kyrie-Ruf
   Wende dich mir zu (Cantate Nr. 16)
7. Gloria
   Lobt den Herren in seiner Herrlichkeit (Singt mit uns Nr. 15)
8. **Tagesgebet**
9. **Lesungstext**
   Wasser lehrt das rechte Leben
10. **Zwischengesang**
    Alles muß klein beginnen. Anhang S.184
11. Evangelium Johannes 4,13 – 14
    Aus dem Gespräch am Jakobsbrunnen
12. Gedanken
13. Glaubensbekenntnis
14. **Fürbitten**
15. Fürbittruf
    Refrain von: Alles muß klein beginnen (Lebenszeichen Nr. 2)
16. Lied zur Gabenbereitung
    Geh, geh, geh zum Fels und sage (Troubadour Nr. 85)
17. Gabengebet
18. Präfation
19. Heilig
    Alles, was atmet (Cantate Nr. 214)
20. Hochgebet
21. Vater unser
22. Lied zum Friedensgruß
    Ein Mensch, mit dem ich rede (Cantate Nr. 158)
23. Lamm Gottes

24. Kommunion
25. Text zum Nachdenken
26. Schlußgebet
27. Segen
28. Schlußlied
Wo ein Mensch Vertrauen gibt (Cantate Nr. 156)

Durchblick – die TIM (Text-Inhalt-Methode-Erklärungen)

4. Einführung in die Thematik

Anspiel

Über einen Kassettenrekorder werden verschiedene Wasser-Lieder kurz angespielt:

z. B.: Die Wanne ist voll
Pack' die Badehose ein
Ich schaukle auf dem Wasser.

Sprecher: Ich darf Sie alle zu unserem heutigen Kinder- und Jugendgottesdienst begrüßen. Alles dreht sich heute um das Element WASSER. Einige Denkanstöße zu diesem lebenswichtigen Element haben wir gerade schon gehört. Aber nun möchte ich euch fragen: Für was brauchen wir eigentlich Wasser, bzw. für was und für wen ist Wasser am wichtigsten?

(Aus den Bänken stehen nacheinander verschiedene Personen auf und erklären in entsprechender Verkleidung, wofür sie das Wasser brauchen.)

Mensch, der gerade vom Duschen kommt:
(Verkleidungsmöglichkeit: Badeschlappen, Bademantel, Bademütze, Duschkopf mit Schlauch ...)

»Wasser ist einfach super. Nach dem Duschen fühle ich mich so richtig fit. Wasser ist zum Duschen da.«

Gärtner:

(Verkleidungsmöglichkeit: grüne Gartenschürze, Gießkanne ...)

»Ich finde, Wasser ist in erster Linie zum Garten gießen da. Die Pflanzen haben doch ein Anrecht auf Wasser. Wie würde sonst mein schöner Garten aussehen?«

Priester mit einem Ministranten:

(Verkleidungsmöglichkeit: Ein Ministrantengewand und eine Albe sind in jeder Sakristei zu finden, Babypuppe, Gefäß mit Weih-Wasser.)

»Die Natur hat Gott so geschaffen, daß die Pflanzen auch ohne zusätzliches Gießen überleben. Am wichtigsten ist das Wasser bei der Taufe. Durch sie wird das Kind in die Gemeinschaft der Christen aufgenommen. Wasser hat hierbei die Aussagekraft schlechthin, da gibt's überhaupt nichts zu diskutieren.«

Durstiger:

(Verkleidungsmöglichkeit: Die Zunge hängt schon fast bis zum Boden...)

»Wasser, Wasser, ich brauche einen Schluck Wasser, sonst verdurste ich. Wir brauchen Wasser zum Trinken, sonst können wir nicht überleben. Gebt mir bitte Wasser.«

Angler:

(Verkleidungsmöglichkeit: Anorak, Mütze, Angel, Eimer ...)

»Natürlich brauche ich Wasser oder besser gesagt, die Fische benötigen Wasser. Und ich brauche die Fische als Angler, ist doch logisch. So in aller Ruhe mit der Angel am Fluß zu sitzen, es gibt einfach nichts Schöneres ...«

Kinder, bei einer Wasserbombenschlacht:

(Verkleidungsmöglichkeit: Jedes Kind hat eine volle Wasserbombe in der Hand..)

»Im Sommer sind Wasserspiele einfach am schönsten. Eine Wasserbombe genügt, und du bist klitschnaß. Ein Sommer ohne Wasser wäre einfach langweilig. Wasser bringt's.«

Person tritt erbost auf:
Das ist ja wohl das Letzte! Wer gibt euch das Recht darüber zu bestimmen, für wen und was Wasser das Wichtigste ist? Wasser ist für uns alle da und für uns alle lebenswichtig.

Und wenn überhaupt jemand darüber zu entscheiden hätte, dann wäre dies wohl die Quelle, die uns das Wasser spendet.

Doch die Quelle ist freigiebig! Sie fragt nicht danach, was mit dem Wasser geschieht, das sie aus der Tiefe an die Erdoberfläche bringt. Die Quelle gibt her, was sie hat. Sie dient dem Leben. Sie erinnert uns an Gott, die Quelle des Lebens. Es liegt nicht an der Quelle, sondern an uns, wieviel wir von einer Quelle mitnehmen.

5. Kyrie-Text

Priester: Ehe wir uns zu dir, zur Quelle des Lebens, auf den Weg machen, blicken wir noch einmal auf unseren eigenen »Lebensfluß«. Wir wollen auch auf Stellen schauen, wo unser Flußbett unnötige Krümmungen hinnehmen mußte oder schon einzutrocknen drohte:

1. Herr Jesus Christus, du Quelle des Lebens.
   Eine Quelle ist freigebig. Sie verschenkt alles, was sie hat.Wir überlegen oftmals erst, was es für einen Nutzen für mich selbst hat, wenn ich einem anderen etwas schenke, auch wenn dieser meine Hilfe dringend braucht.
2. Herr Jesus Christus, du Quelle des Lebens.
   Eine Quelle ist nicht für sich selbst da, sie sprudelt aus sich heraus und dient somit dem Leben. Wir aber denken oft nur an uns, wir sprudeln nur für uns selbst.
3. Herr Jesus Christus, du Quelle des Lebens.
   Eine Quelle löscht unseren brennenden Durst, sie kühlt und erfrischt. Wir gehen all zu oft an der Quelle vorbei, die Gott uns in Jesus Christus geschenkt hat, weil wir nicht daran glauben, daß es eine Oase in der Wüste unseres Lebens gibt.

Priester: Gott, du bist die Quelle allen Lebens. Vergib uns unsere »Wasserverschmutzungen«, und laß uns durch dich zu klarem und erfrischendem Wasser werden. Amen

8. Tagesgebet

Wo Wasser fließt, ist Leben.
Guter Gott, du bist unsere Quelle. Wir haben schmutzige Hände und einen ausgetrockneten Mund. Wir lechzen nach Wasser jeden Tag, damit wir leben können. Du drehst uns den Hahn nie ab, du sprudelst für uns und in uns. Auch wenn wir manchmal denken, alles um uns versiegt, trocknet aus, in deiner Oase können wir uns immer erfrischen und auftanken. Wir müssen uns nur zu ihr auf den Weg machen. Amen.

9. Lesung(stext)

Wasser lehrt das rechte Leben

»Einen Weisen im alten China fragten einmal seine Schüler: ›Du stehst nun schon so lange vor diesem Fluß und schaust ins Wasser. Was siehst du denn da?‹

Der Weise gab keine Antwort. Er wandte den Blick nicht ab von dem unablässig strömenden Wasser. Endlich sprach er: ›Das Wasser lehrt uns, wie wir leben sollen. Wohin es fließt, bringt es Leben und teilt sich aus an alle, die seiner bedürfen. Es ist gütig und freigebig. Die Unebenheiten des Geländes versteht es auszugleichen. Es ist gerecht. Ohne zu zögern in seinem Lauf stürzt es sich über Steilwände in die Tiefe. Es ist mutig. Seine Oberfläche ist glatt und ebenmäßig, aber es kann verborgene Tiefen bilden. Es ist weise. Felsen, die ihm im Lauf entgegenstehen, umfließt es. Es ist verträglich.

Aber seine Kraft ist Tag und Nacht am Werk, das Hindernis zu beseitigen. Es ist ausdauernd. Wie viele Windungen es auch auf sich nehmen muß, niemals verliert es die Richtung zu seinem ewigen Ziel, dem Meer, aus dem Auge. Es ist zielbewußt. Und so oft es auch verunreinigt wird, bemüht es sich doch unablässig, wieder rein zu werden. Es hat die Kraft, sich immer wieder zu erneuern. Das alles‹, sagte der Weise, ›ist es, warum ich auf das Wasser schaue. Es lehrt mich das rechte Leben‹.« (Kurzgeschichten 4 Nr. 190)

10. Lied

Alles muß klein beginnen. Anhang S.184

14. Fürbitten

Priester: Herr, du bist die Quelle des Lebens. In deinem Brunnen des lebendigen Wassers können wir immer wieder neue Kraft und Mut schöpfen. Darum bitten wir dich, uns in unseren Wünschen zu unterstützen:

1. Wir wollen sein wie fließendes Wasser, freigebig und großzügig.
2. Wie aus einer Quelle sollen aus uns Fröhlichkeit und Liebe heraussprudeln, um andere mitzureißen und zu erfrischen.
3. Wir wollen nicht wie abgestandenes Mineralwasser sein, sondern uns mit prickelnden und erfrischenden Ideen in unsere Gemeinde einbringen.
4. Manchmal ist es wichtig, wie ein See nach einem Gewitter ruhig zu werden, um neue Kraft schöpfen zu können.
5. Wir wollen selbst versuchen eine Oase des Friedens zu werden, ein Ort, an dem man sich ausruhen und auftanken kann.

Priester: Gott, wer zur Quelle kommen will, muß gegen den Strom schwimmen. Das ist nicht immer leicht. Du schenkst uns dazu die Kraft durch Jesus Christus, die Quelle allen Lebens. Amen.

25. Text zum Nachdenken

Wer von meinem Wasser trinkt
Wasser – sprudelnder Quell des Lebens.
Seit altersher Zeichen und Bildnis
für Lebendigkeit und Bewegung.
Bewegung, die auch erdrücken kann,

die mitreißen kann ins Unheil.
Und trotzdem:
Zeichen des Lebens,
weil es Durst stillt.
Vom Wasser haben wir genug:
Jeden Tag fließt's aus der Leitung
die Flüsse treten übers Ufer,
die Seen sind gefüllt,
der Durst ist gestillt.
Wasser im Überdruß?
Vielen aber fehlt es:
Dürre und Durst sind Erfahrungen
ihres Alltags.
Wasser entscheidet über Leben und Tod.
Auch in jenem Teil der Erde,
in dem Jesus lebte
und sagte:
wer von meinem Wasser trinkt,
wird keinen Durst mehr haben.

Eine Aussage,
die unsere Erfahrungen sprengt:
Was für ein Wasser muß das sein?

Was löscht
unseren Durst nach Zärtlichkeit und Liebe?
Unseren Durst nach Gerechtigkeit und
Frieden?
Unseren Durst nach Freiheit und
Gemeinschaft?

Jesus Christus
elementar wie Brot, wie Wein, wie Wasser
Und Du
sollst werden wie er.
(Werner Tzscheetzsch, Anstiftungen S. 90 f.)

26. Schlußgebet

Lebenspendender Gott,
du hast uns zugesagt:... wer aber von dem Wasser trinkt, das ich ihm geben werde, wird niemals mehr Durst haben. Du hast uns in dieser Eucharistiefeier aus deinem Brunnen des Lebens dieses Wasser angeboten. So können auch wir zur sprudelnden Quelle werden, deren Wasser ewiges Leben schenkt. Amen.

Ausblick

Das »Wasser des Lebens« gibt es leider noch nicht in Flaschen abgefüllt im Getränkemarkt zu kaufen. Sonst hätten Sie jedem Gottesdienstteilnehmer eine Flasche für kommende Durststrecken mit auf den Weg geben können. Aber dies ist eigentlich nicht nötig. Es langt auch eine spritzig-sprudelnde Erinnerungshilfe. Eine Postkarte mit dem Motiv »Jesus und die Frau am Jakobsbrunnen« *(z. B. von Sieger Köder)* bietet sich an, als Blickfang für die Pinwand zu Hause. Versehen mit einem kleinen Zettel, auf dem steht: »Bitte schicke mich an einen Menschen, der zur Zeit am Austrocknen ist, der sich in der Wüste des Alltags verirrt hat und keine Orientierung hat, um die Oase zu erreichen. Überbringe ihm mit mir *(der Postkarte)* und Deinen erfrischenden Worten ein paar Hoffnungstropfen auf dem Weg zum Wasser des Lebens«, kann die Postkarte für eine andere Person zur »Brunnenerfahrung« werden.

Weihnachtsgottesdienst »Sternstunden« erleben – auf dem Weg nach Bethlehem

Einblick

Wie und warum die Schnecke Sofia, neben dem neugeborenen Jesuskind, zur Hauptrolle in diesem Gottesdienst kam.

Alle Jahre wieder... kann die Vorbereitung des Weihnachtsgottesdienstes auf einen zukommen.

Schon wieder Weihnachten – was sollen wir dieses Jahr daraus machen? So manch' einer kann davon ein Lied singen... Weihnachten

Alle Jahre wieder... und doch wieder alle Jahre etwas Besonderes.

Ein Ziel der hier vorgestellten Weihnachtsmesse ist es, die liturgischen Elemente des Wortgottesdienstes in den Weg nach Bethlehem harmonisch einzubinden und einen roten Faden sichtbar werden zu lassen. Ganz ohne »Hilfsmittel« geht es aber doch nicht.

Eine Handpuppe ist sozusagen die erste »Sternstunde« für diesen Gottesdienst. »Sofia«, unsere Handpuppen-Schnecke, schaffte schnell den Aufstieg vom »Hilfsmittel« zur Hauptrolle. Auf ihrer Reise nach Bethlehem verbindet sie die einzelnen Teile des Wortgottesdienstes und läßt somit die Aussagekraft der liturgischen Elemente in einem neuen, spielerischen Licht *(Stern)* erstrahlen.

Der Weg nach Bethlehem ist eine Reise wert, mit allen Mühen und Strapazen. Machen wir uns also mit Sofia auf den Weg ...

Die Geburt Jesu ist Aufforderung genug!

Auf einen Blick – Kurzablauf des Gottesdienstes

1. **Einzug**
2. Eingangslied
   Einmal wurd es am Himmel hell, hier und da
   (Troubadour Nr. 155)

3. **Begrüßung**
   Hier beginnt die Reise der Schnecke Sofia durch den Wortgottesdienst. Auf ihrer Wegstrecke »begegnet« sie den einzelnen liturgischen Elementen.
4. **Erklärung des Reiseziels (Bethlehem)**
5. **Wegstrecke 1**
   Sofia stellt sich vor und lernt ihre Reisebegleiter kennen (Drei Könige).
6. **Kyrie-Text (Teil I)**
   Wird vom 1. König gesprochen.
7. Kyrie-Ruf
   Herr, erbarme dich (Cantate Nr. 21)
8. **Wegstrecke 2**
   Sofia begegnet dem Penner.
9. **Traumlied der Schnecke (Strophe 1)**
   Wenn einer träumt, Utopia. Anhang S. 186
10. **Kyrie-Text (Teil II)**
    Wird vom 2. König gesprochen.
11. Kyrie-Ruf
    Herr, erbarme dich (Cantate Nr. 21)
12. **Wegstrecke 3**
    Sofia begegnet dem Esel.
13. **Traumlied der Schnecke (Strophe 2)**
    Wenn einer träumt, Utopia. Anhang S. 186
14. **Kyrie-Text (Teil III)**
    Wird vom 3. König gesprochen.
15. Kyrie-Ruf
    Herr, erbarme dich (Cantate Nr. 21)
16. **Wegstrecke 4**
    Sofia begegnet dem Hirten, und sie kommen in Bethlehem an.
17. Gloria
    Sofia und ihre Reisebegleiter erweisen dem Neugeborenen ihre Referenz.
    Gloria, gloria in excelsis Deo (Cantate Nr. 41)
18. **Tagesgebet**
    Wird von Sofia gesprochen.

19. Gedanken
...der siebenköpfigen Reisegruppe über ihre »Wegerfahrungen«.

20. Ruf vor dem Evangelium
Halleluja-Ruf (Cantate Nr. 53)

21. Evangelium Matthäus 2,7 – 10
Die Huldigung der Sterndeuter

22. Fürbitten

23. Fürbittruf
Durch das Dunkel hindurch – jeweils die 1. Strophe (Cantate Nr. 210)

24. Lied zur Gabenbereitung
Brot, das die Hoffnung nährt (Cantate Nr. 71)

25. Gabengebet und Präfation

26. Heilig
Heilig, ja heilig, ja heilig ist der Herr (Troubadour Nr. 234)

27. Hochgebet

28. Vater unser

29. Lied zum Friedensgruß
Wer nach Bethlehem fliegen will in den Stall (KJG-Songbuch 3, Nr. 23)

30. Lamm Gottes

31. Kommunion

32. Danklied
Himmel, der die Erde berührt (Treffpunkt Leben, S. 24 f.))

33. Schlußgebet

34. Schlußsegen

35. Schlußlied
Laß uns in deinem Namen (Erdentöne – Himmelsklang Nr. 132)

Durchblick – die TIM (Text-Inhalt-Methode-Erklärungen)

1. Einzug

Beim Einzug des Priesters und der Ministranten soll ein großer Stern mitgetragen werden, der gut sichtbar im Altarraum aufgestellt wird.

3. Begrüßung

Hier beginnt die Reise der Schnecke Sofia durch den Wortgottesdienst. Auf ihrer Wegstrecke »begegnet« sie den einzelnen liturgischen Elementen.

Priester: Ich freue mich, daß heute so viele Menschen den Weg zu uns hierher gefunden haben. Hat ihnen etwa, wie den Heiligen Drei Königen, ein Stern den Weg gezeigt?

...der Weg ist hier aber nicht zu Ende!

Wir wollen jetzt ein Stück des Weges gemeinsam gehen, gemeinsam auch mit dem, der für uns Mensch geworden ist.

Und so beginnen wir diesen Wegabschnitt: Im Namen des Vaters und des Sohnes und des Heiligen Geistes. Amen.

4. Erklärung des Reiseziels (Bethlehem)

Erzähler: Wir wollen uns jetzt auf den Weg nach Bethlehem machen, ohne Hast und Eile, vielmehr im Schneckentempo. Wir wollen uns herantasten, unsere Fühler ausstrecken nach dem Kind in der Krippe. Zu unserer Reisegruppe stoßen allerdings noch vier Gestalten dazu. Eine davon heißt SOFIA.

Aber Sofia wird sich euch selbst vorstellen.

5. Wegstrecke 1

Sofia stellt sich vor und lernt ihre Reisebegleiter kennen (Drei Könige).

(Die Handpuppe wird von einer Person aus dem Vorbereitungsteam gespielt. Es empfiehlt sich über den Arm ein grünes oder braunes Tuch zu

legen, bzw. ein grünes oder braunes Oberteil zu tragen, damit es den Anschein erweckt, daß die Sofia auf einem Weg oder einer Wiese entlangzieht. Die Handpuppe sollte immer in Brusthöhe gespielt werden, damit sie für möglichst viele Gottesdienstbesucher gut zu sehen ist.)

Sofia: »Ich bin Sofia, die Schnecke! Ich bin sehr alt und weise. Ich habe schon alle Weissagungen der Propheten gelesen und kenne sie in- und auswendig, und ich glaube ihnen. Ich glaube ganz fest daran, daß einer kommen wird, der alles gut macht.

...aber ich muß zugeben, ich warte schon ziemlich lange. Das Alter bringt allerdings nicht nur die Weisheit und Erfahrung mit sich, sondern auch einige Beschwerden. Ich bin zum Beispiel sehr wetterfühlig geworden. Heute morgen fühlte ich ein bisher unbekanntes Reißen in meinen Gliedern. Da wußte ich es. Es liegt etwas in der Luft. Jetzt ist es so weit, der Heiland der Welt kommt. Wie sagt der Prophet Micha? In Bethlehem wird er zur Welt kommen. Ja, aber wie finde ich dieses Bethlehem?« (nach Gauer, 1989, S. 13)

Erzähler: Lange brauchte die Schnecke darüber nicht zu grübeln, denn als sie ihren langen Hals aus dem Schneckenhaus herausreckte, da sah sie ihn auch schon. Den Stern, den Wegweiser nach Bethlehem. *(Hiermit ist der Stern im Altarraum gemeint.)* Sie war ziemlich aufgeregt und konnte es gar nicht erwarten, in Bethlehem anzukommen.

Sofia: Und dann habe ich mich unverzüglich auf den Weg gemacht. Denn ich möchte schließlich eine der Ersten sein, die den Heiland der Welt begrüßen.

Ich war noch keine zehn Meter gekrochen, da kamen mir diese drei Herrn *(Drei Könige)* entgegen. Ich mußte ihnen natürlich gleich erzählen, wohin meine Reise geht. Da haben sie beschlossen, sich mir anzuschließen. Sie haben mir erzählt, sie wären drei Könige. Von dem Stern waren sie auf alle Fälle hellauf begeistert, und ich war froh, die Reise nicht alleine antreten zu müssen.

Erzähler: ...und dann ging die Reise auch schon los!

6. Kyrie-Text (Teil I)

Wird vom 1. König gesprochen.

Erster König: (Zeigt auf das Schild einer bekannten Fast-Food-Kette. Dieses Schild sollte in der Form eines Sternes gestaltet und gut sichtbar in der Kirche aufgehängt werden.)

Da, da, seht ihr diesen Stern am Firmament? Er ist so hell, daß er alles überstrahlt. Kommt, wir müssen da entlang. Dieser Weg ist auch viel kürzer. *(Der erste König geht eiligen Schrittes »seinem« Stern entgegen.)*

... und wie bunt und hell erleuchtet.

... ja, da muß ich richtig sein. Schade, daß die anderen nicht mitgekommen sind. Denn ich habe das Ziel erreicht. Hier ist auch alles voller Leute. Diesem Stern sind schon mehrere Menschen gefolgt.

(Entweder Ansummen der Melodie »Weißt du wieviel Sternlein stehen« oder auf Cassette einspielen. Der König kommt ins Grübeln ...)

Nein, hier ist nicht das Ziel, das ich suchte. Ich habe mich irreleiten lassen durch den Konsum und von einer vorgespielten heilen Welt. Ich bin noch nicht am Ende angelangt.

8. Wegstrecke 2

Sofia begegnet dem Penner.

(Ausgerüstet mit einer Rotweinflasche.)

Penner: Hicks!

Sofia: Ja hallo, wer bist denn du?

Penner: »Pfui Teufel, eine Schnecke! Paß auf, wie schnell ich dich zertrete!

Sofia: Warum willst du mich zertreten?

Penner: Weil ich auch getreten werde. Den ganzen Tag.

Sofia: Das verstehe ich nicht?

Penner: Dann guck doch bloß die Leute hier an. Wie verächtlich die mich anstarren! Und hör, was sie alles sagen. Weißt du: Ich bin der letzte Dreck!

Sofia: Trinkst du deshalb so viel?« (nach Gauer, 1989, S. 14)

Penner: Laß dir eines sagen, du süße Schnecke, am besten geht es mir, wenn ich sternhagelvoll bin, denn dann sind mir die anderen

Menschen wurscht. Dann können die über mich reden so viel und so lange sie wollen, hicks! Eines ist klar, das Heil der Welt liegt in einer vollen Rotweinflasche, prost! *(Penner hält seine Rotweinflasche hoch.)*

Sofia: Ich bin unterwegs zum »Heil der Welt«. Komm doch einfach mit!

Penner: Klasse, da bin ich dabei! Du fährst also zu einer Weinprobe?

Sofia: Nein, ich bin auf dem Weg nach Bethlehem.

Penner: Was soll ich dort?

Sofia: Dort wird heute Nacht der Retter geboren. Er kommt auf diese Welt, um den Menschen zu helfen. Siehst du den Stern am Himmel *(Stern im Altarraum)*. Er zeigt uns den Weg.

Penner: Nach der dritten Flasche Rotwein seh' ich auch immer Sterne. Ganz schön viele sogar. Aber so einen tollen Stern habe ich noch nie gesehen.

Sofia: Also, kommst du mit?

Penner: Du hast Glück, im Moment habe ich gerade nichts Besseres vor und dieser Wunderknabe interessiert mich brennend! Los geht's, alle dem Stern nach... *(Der Penner schließt sich der Reisegruppe, die mittlerweile nur noch aus zwei Königen und der Sofia besteht, an.)*

9. Traumlied der Schnecke, 1.Strophe.

Wenn einer träumt, Utopia. Anhang S. 186

10. Kyrie-Text (Teil II)

Wird vom 2. König gesprochen.

Zweiter König: Da, seht ihr diesen Stern? *(Zweiter König deutet auf das Plakat mit der Stellenausschreibung. Dieses Plakat sollte in der Form eines Sternes gestaltet und gut sichtbar in der Kirche aufgehängt werden.)*

Er ist viel heller und schöner als der andere und noch dazu schaut er viel wertvoller aus. Seht nur, er ist ganz nah! *(Er läuft dem Plakat entgegen.)*

STELLENANGEBOT:

Lukrative Stellung in gehobener Position zu vergeben. Gutes Betriebsklima.

Aufgabe: Leitung und Mangement

Anfangsgehalt: 8000 DM brutto

(Entweder Ansummen der Melodie »Weißt du wieviel Sternlein stehen« oder auf Cassette einspielen. Der König kommt ins Grübeln...)

Nein, dies war nicht der Stern, den ich gesucht habe. Ich habe mich auf den falschen Weg gebracht, geleitet von den Verlockungen des Geldes und der Karriere. Dies ist nicht mein Ziel.

12. Wegstrecke 3

Sofia begegnet dem Esel.

Erzähler: »Sofia und der Penner waren gemeinsam unterwegs. Mitten in einer wunderschönen Wacholderheide trafen sie einen Esel.

Sofia: Kannst du mir sagen, ob dies der Weg nach Bethlehem ist?

Esel: Mich darfst du nicht fragen, ich bin dumm.

Sofia: Wer sagt, daß du dumm bist?

Esel: Die Menschen.

Sofia: Glaubst du alles, was die Menschen sagen?

Esel: Ja.

Sofia: Dann bist du allerdings ein bißchen einfältig. Weißt du, die Menschen verwechseln Dummheit mit Gutmütigkeit. Ich habe schon gehört, daß auch gutmütige Menschen dumm genannt und ausgelacht werden. Es ist überall das gleiche.

Esel: Wenn du meinst, daß ich nicht dumm, sondern gutmütig bin, dann freut mich das.

Sofia: Du bist nicht nur gutmütig, Esel. Du wirst auch noch einmal sehr berühmt werden. Wenn ich die Weissagungen des Propheten Sacharja richtig verstehe, dann könntest du es sein, der den Heiland der Welt einmal tragen wird – hinein nach Jerusalem.

Esel: Wer ist das, der Heiland der Welt?

Sofia: Das ist der, der in wenigen Tagen zur Welt kommt in Bethlehem, wohin ich unterwegs bin. Wenn er größer ist, wird er ein bißchen wie du sein. Gutmütig, und er wird die Lasten der Menschen tragen und dafür ausgelacht werden. Sag, willst du ihn nicht sehen?

Esel: Aber sicher werde ich ihn mir ansehen! Wo ich ihn vielleicht einmal tragen werde...! » (nach Gauer, 1989, S. 16)

(Der Esel schließt sich der Reisegruppe, bestehend aus Sofia, einem König und dem Penner, an.)

13. Traumlied der Schnecke

Wenn einer träumt, 2. Strophe. Anhang S. 186

14. Kyrie-Text (Teil III)

Wird vom Dritten König gesprochen.

Dritter König:

Also nein, seht nur diesen Stern, er erstrahlt gleich in fünffachem Glanz. *(Dritter König deutet auf das Plakat mit den fünf Sternen = 5-Sterne-Hotel.)*

Wo es so hell in meiner Nähe leuchtet, da kann nur der Weg hinführen. Ha, hier in diesem 5-Sterne-Hotel läßt es sich erst einmal aushalten. Alles, was das Herz begehrt, finde ich hier.

(Entweder Ansummen der Melodie »Weißt du wieviel Sternlein stehen« oder auf Cassette einspielen. Der König kommt ins Grübeln ...)

Nein, hier kann ich nicht bleiben. Ich habe mich von meiner Bequemlichkeit und Faulheit einwickeln lassen und dabei ganz mein eigentliches Ziel vergessen. Ich muß weiter.

16. Wegstrecke 4

Sofia begegnet dem Hirten, und sie kommen in Bethlehem an.

(Bethlehem = Ort auf der Altarinsel, neben dem Stern.)

Sofia: Hallo Hirte, was sitzt du hier alleine herum? Hast du die Nachricht noch nicht vernommen?

Hirte: Doch, doch! Der Heiland der Welt wird geboren.

Sofia: Also komm – wir sind gerade auf dem Weg dorthin.

Hirte: Das ist, glaub' ich, nichts für mich. Mir fehlen dazu die passenden Klamotten, und ein entsprechendes Geschenk habe ich auch nicht.

Sofia: Darauf kommt es doch nicht an!

Penner: Schau her Hirte, ich bin doch auch dabei.

Sofia: Dort oben, der Stern von Bethlehem, er zeigt uns den Weg.

Hirte: Sagst du »Der Stern von Bethlehem«?

Sofia: Ja, warum?

Hirte: Schau, dort liegt Bethlehem. Komm, ich zeige es dir.

Sofia: Mein Gott, Hirte! Mir ist ganz schwindelig vor Freude. Mein Herz klopft bis zum Hals. Du – bitte – nimm mich in die Hand! Trag' mich das letzte Stück. Wir sind dann schneller dort beim Kind.

Erzähler: Zärtlich nimmt der Hirte Sofia in die Hand. (nach J.Gauer, 1989, S. 18)

(Eine Krippe steht auf der Altarinsel.)

Als sie beim Stall ankommen, leuchtet der Stern strahlend schön über ihm. Der Hirte setzt Sofia wieder auf den Boden. Hinein in den Stall soll sie alleine gehen. Und dann war der große Augenblick da: Sofia war am Ziel ihrer Reise. Ganz langsam kroch sie über die Schwelle. Und dann sah sie das Wunder der Heiligen Nacht. Und es war genau so, wie es die alten Propheten geweissagt hatten.

Esel, Hirte, Penner und Sofia waren überwältigt von einem Glücksgefühl, das sie bis jetzt noch nicht kannten.

Sie bewundern das Neugeborene und spüren, daß dieses Kind etwas ganz Besonderes ist.

18. Tagesgebet

Wird von Sofia gesprochen.

Sofia:

Du Kind, das die Welt verändert!

Du Jesus, bist der neue Stern, der alle Sterne und Stars in den Schatten stellt.

Du bist Mensch geworden,

… damit müssen wir uns auseinandersetzen,
… damit dürfen wir leben,
… damit sieht alles ganz anders aus.
Werde du in uns und durch uns Mensch,
damit Weihnachten wird auf dieser Erde.
Amen.

19. Gedanken

…der siebenköpfigen Reisegruppe über ihre »Wegerfahrungen«.

(Die drei Könige treffen jetzt, verspätet durch ihre Umwege, in Bethlehem ein und stoßen zu den anderen.)

Erster König: Was, du bist schon da Sofia?

Sofia: *(Nickt.)*

Erster König: Ja, ja, ich weiß schon, warum du schon da bist. Du hast den richtigen Weg gewählt, du hast den echten Stern nie aus den Augen verloren.

Zweiter König: Wir sind dem falschen Glanz nachgejagt.

Dritter König: Wir haben jetzt begriffen, daß nicht in Selbstgefälligkeiten, Konsum und in Bequemlichkeit die wahren Sternstunden zu finden sind.

Penner: Sofia, ich möchte mich bei dir bedanken, daß du mich überredet hast mitzukommen. Seit ich mit dir unterwegs bin, habe ich mich weder nach meiner Flasche Rotwein noch nach meinen Sternen gesehnt. Im Stall bei dem Kind habe ich gespürt, daß ich nicht der letzte Dreck, sondern angenommen bin. Danke Sofia.

Esel: Da kann ich mich deinen Worten nur anschließen. Auch ich habe erkannt, daß ich genauso viel wert bin wie alle anderen Tiere und Menschen. Und noch dazu werde ich vielleicht einmal eine besondere Rolle im Leben des Kindes spielen. Die Geburt von Jesus Christus ist für mich eine Sternstunde in meinem Leben.

Hirte: Bethlehem war mir schon ein Begriff. Ich habe meine Schafe direkt vor der Stadt gehütet, und ich habe auch die Worte des Engels verstanden. Und trotzdem haben mich meine Selbstzweifel und meine Angst vor der Meinung der Leute daran gehindert aufzubrechen.

Eines ist mir klar geworden, Aussehen und Klischeedenken sind keine Ausrede, um sich vor der Menschwerdung zu drücken.

Sofia: Ich weiß gar nicht, was ich sagen soll! Der Weg nach Bethlehem war für mich weit und anstrengend, aber er war auch unheimlich wertvoll. Ich habe den Weissagungen der Propheten von Anfang an geglaubt, aber die Konsequenzen dieser Menschwerdung habe ich erst jetzt begriffen. Ich bin dem Stern bis hierher gefolgt, aber hier und jetzt ist der Weg nicht zu Ende. Ich darf mich nicht in mein Schneckenhaus zurückziehen, und alles bleibt so, wie es ist. Die Leuchtkraft dieses Kindes ist der wegweisende Stern für mein Leben. Und dieser Stern kann nur durch uns, mit uns und in uns leuchten. Der Sinn dieser Geburt muß durch viele »Sternstunden der Menschwerdung« in uns weitergetragen werden.

22. Fürbitten

Priester: Jesus, du bist das große Licht, das aufgestrahlt ist in dunkler Nacht. Du bist der helle Stern, der strahlend aufgegangen ist über unserer dunklen Welt. Du zeigst uns den Weg, höre unsere Bitten:

1. *Hirte:*

Es geht nicht an, daß Gott Mensch geworden ist und keinem geht ein Licht auf.
Durch das Dunkel hindurch scheint der Himmel hell.
Doch wer schaut vor lauter Plätzchen backen, Geschenke kaufen und Christbaum schmücken 'gen Himmel? Die Bedeutung der Menschwerdung muß durch uns wieder ins rechte Licht gerückt werden.
Steht auf, steht auf, steht auf!
Die Geburt Jesu ist Aufforderung genug.

2. *Sofia:*

Es geht nicht an, daß Gott Mensch geworden ist und alles beim Alten bleibt.
Wir dürfen uns nicht in unser Schneckenhaus zurückziehen, wir

müssen unsere Fühler ausstrecken nach dem Auftrag Gottes an uns und nach den Menschen, die wir auf unserem Weg treffen.
Die Geburt Jesu ist Aufforderung genug.

3. *König:*
Es geht nicht an, daß Gott Mensch geworden ist und wir andere Sterne seiner Leuchtkraft vorziehen.
Menschgewordener Gott, laß uns erkennen, daß wir oft nur den weltlichen Schätzen nachjagen, anstatt mit Jesus am Himmelreich konkret hier und jetzt zu bauen.
Die Geburt Jesu ist Aufforderung genug.

Priester: Darum bitten wir durch Jesus Christus, die Leuchtkraft unseres Lebens. Amen

33. Schlußgebet

Priester: »Wut, Mut und Tränen wünsche ich euch.
Auf daß ihr es nie verlernt, euch nach Utopien zu sehnen,
das wünsche ich euch.
Hoffnung und auch Sehnsucht sollen euch begleiten
auf eurem Weg.
Auf daß ihr immer den Stern leuchten seht,
das wünsche ich euch.
Wut, Mut und Tränen wünsche ich euch.
Wut, euch gegen allen falschen Glanz und Glimmer aufzulehnen.
Mut zu träumen und euch eurer Träume wegen nie zu schämen.
Tränen, die ein Zeichen sind für die Kraft eures Lebens.
Ich wünsche euch auf eurem Weg
Wut, Mut und Tränen.
Amen.«
(Aus: Kerzenlicht und Neonschein, KJG-Verlag)

34. Schlußsegen

Priester:

Unser Gott segne uns
mit Sehnsucht, die uns treibt, nicht still zu werden,
immer weiter zu suchen und zu gehen,
wo alles still zu stehen scheint.
Mit Mut, das Kindliche, das Verrückte, das Unmögliche zu denken,
die Phantasie auf die Erde zu holen und trotz alledem zu handeln.
Mit Leuchtkraft, damit es heller wird auf dieser Erde und wir, wie der Stern von Bethlehem, Wegweiser für andere Menschen sein können.
Dazu segne uns der menschgewordene Gott:
der Vater, der Sohn und der Heilige Geist.
Amen.

Ausblick

Mit diesen »Sternstundenerfahrungen«, die hoffentlich in einem jeden etwas zum Leuchten gebracht haben, machen sich die Gottesdienstbesucher auf den Weg. Damit sie immer wieder daran erinnert werden, daß wir mit unserem Glauben an den menschgewordenen Gottessohn Wegweiser sein können und sollen, ist vielleicht noch einmal ein kleines »Hilfsmittel« angesagt.

Eine Möglichkeit ist, jedem Gottesdienstbesucher am Ende einen Sternchenspeier mitzugeben, an dem der Schlußsegen befestigt ist. Zackig ist es auch, wenn das Papier, auf dem der Segen gedruckt ist, im gelben Licht erstrahlt und in Sternform ausgeschnitten ist. Der Phantasie sind keine Grenzen gesetzt, wenn es darum geht, Menschen an ihre Leuchtkraft zu erinnern …

Weihnachtsgottesdienst
»Die Menschwerdung Christi ist Aufforderung genug...«.

Einblick

Es geht nicht an, daß Gott Mensch wurde und keinem geht ein Licht auf.

Alle Jahre wieder ...

- kommt das Christuskind
- feiern wir Weihnachten
- gibt es ein köstliches Festtagsmenü
- freuen wir uns auf die kleinen und großen Überraschungen
- riecht es nach Kerzen, Glühwein und Plätzchen
- gehen wir in die Kirche
- bemüht sich jeder um einen friedlichen Umgang mit seinen Mitmenschen

Alle Jahre wieder... gehört dies alles – für den einen mehr, für den anderen weniger – zu einem richtigen Weihnachtsfest dazu. Dagegen ist auch nichts einzuwenden. Aber dies kann und darf noch nicht alles sein. Gott wurde für uns Mensch, die Geburt Jesu hat also mit jedem einzelnen von uns etwas zu tun. Wir dürfen nicht nur in den Backofen, auf die Geschenke und unter den Christbaum schauen, wenn es um Weihnachten geht. Wir müssen in uns hineinschauen. Wo bewegt diese Geburt in uns etwas, wo schlummern in mir Talente, die ich auf dem Weg zu meiner eigenen Menschwerdung noch »gewinnbringend« einsetzen kann?

Es geht nicht an, daß Gott Mensch wurde, und alles bleibt, wie es ist.

Auf einen Blick – Kurzablauf des Gottesdienstes

1. Einzug (instrumental)
2. Eingangslied
   Alle Jahre wieder (Willkommen, lieber Tag I, S. 146)
3. **Begrüßung**
   und Einführung in die Thematik durch ein Interview
4. **Kyrie-Text**
5. Kyrie-Ruf
   Wende dich mir zu (Cantate Nr. 16)
6. Gloria
   Gloria (Cantate Nr. 41)
7. **Tagesgebet**
8. Lesung
9. Zwischengesang
   Hier und Jetzt (Kontakte Songbook Nr. 63)
10. Evangelium Matthäus 25, 14–28
    Das Gleichnis vom anvertrauten Geld
11. **»Salbungsvolle Festtagspredigt«**
12. **Gedanken**
13. Glaubensbekenntnis
14. **Fürbitten**
15. Fürbittruf
    Anders leben als man lebt (Kontakte Songbook Nr. 7 Refrain)
16. Lied zur Gabenbereitung
    Herr, wir bringen in Brot und Wein (Cantate Nr. 69)
17. Gabengebet
18. Präfation
19. Heilig
    Sanctus (Cantate Nr. 76)
20. Hochgebet
21. Vater unser
22. Friedensgruß
23. Lamm Gottes
    Gottes Lamm (Troubadour Nr. 228)
24. Kommunion

25. Konkrete Umsetzung der Gedanken
und Mitnehm-Aktion

26. Danklied
Von den Talenten (Troubadour Nr. 733)

27. Schlußgebet

28. Segen

29. Schlußlied
So gibt euch Gott ein Lebenszeichen. Anhang S. 188

Durchblick – die TIM (Text-Inhalt-Methode-Erklärungen)

3. Begrüßung

und Einführung in die Thematik durch ein Interview
(Während der letzten Strophe versammeln sich die zwei Reporter und der Ansager um einen Tisch vor dem Altar.)

Ansager: *(steht auf)*

Sehr verehrte Gäste, liebes Publikum,
ich darf Sie alle recht herzlich zu unserer Festveranstaltung heute, am zweiten Weihnachtsfeiertag begrüßen. Ich bin überrascht, aber zugleich natürlich auch begeistert, daß unsere Programmauswahl für den heutigen Sonntag morgen bei Ihnen so großen Anklang gefunden hat. Es ist ja doch nicht so ganz einfach, mit der riesigen Weihnachtsgans im Magen sich in aller Früh aus dem Bett zu quälen und den beschwerlichen Weg in die Kirche auf sich zu nehmen. Ich hoffe, Sie sitzen jetzt dafür bequem auf den Bänken. Sie werden es bestimmt nicht bereuen, hierhergekommen zu sein.

Weihnachten ist einfach etwas für's Herz. Es duftet überall. Wo wir hinschauen, leuchten uns Kerzen und Weihnachtskugeln entgegen. Es ist einfach ein Fest zum Wohlfühlen. Wir dürfen und wollen auch nicht vor lauter Jubel, Trubel, Heiterkeit den Anlaß dieses Festes aus den Augen verlieren:

Die Geburt, die Menschwerdung von Jesus Christus!

Dieses Wort müssen Sie sich mal richtig auf der Zunge zergehen lassen. Menschwerdung Christi, was verbinden Sie spontan damit?

Uns kamen einige Gedanken hierzu, darum auch dieser Gottesdienst. Ich möchte Ihnen als nächstes meine zwei Freunde,... *(Namen der beiden Personen einsetzen)* vorstellen.

»Hallo, Hallo, Hallo!« *(Wird von den zwei Reportern gesprochen.)*

Sie sind heute hier bei uns, um zu unserem Thema eine kleine Meinungsumfrage zu starten.

Ist das nicht toll!

Die beiden Reporter haben sich Fragen zum Thema Menschwerdung überlegt und schwirren jetzt aus, um Menschen darüber zu interviewen. Also, seien Sie gespannt auf unsere Fragen und Ihre Antworten. *(Die Reporter ziehen los, um sich ihre Interviewpartner, dem Augenschein nach willkürlich, auszusuchen. Die Personen wurden im Vorfeld vom Vorbereitungsteam auf ihre Rolle vorbereitet.)*

Reporter 1: Gerade haben wir das Lied gehört: »Alle Jahre wieder kommt das Christuskind.« Eigentlich ist das ziemlicher Blödsinn, Christus kam als Kind nur einmal zur Welt, dies war vor ca. 2000 Jahren und nicht alle Jahre wieder. *(Das Lied kann angesungen oder gesummt werden.)*

Antwort: Ach, wissen Sie, man darf die ganze Sache nicht so ernst nehmen. Das Weihnachtsfest ist doch vor allem ein Fest für die Kinder. Und für die kommt eben jedes Jahr das Christkind. Nehmen's die paar Zeilen in dem Lied halt nicht so ernst, freuen Sie sich einfach mit den leuchtenden Kinderaugen.

Reporter 1: DANKE.

Reporter 2: In der zweiten Strophe des Liedes heißt es: »Kehrt mit seinem Segen ein in jedes Haus.« Können Sie uns kurz erzählen, wie sich dieser Segen bei Ihnen bemerkbar gemacht hat?

Antwort: Also, der Geschenkesegen unter dem Weihnachtsbaum war bemerkenswert groß. Und natürlich ist es jedes Jahr auf's neue ein großer Segen, daß Weihnachten mit zwei Feiertagen verbunden ist; obwohl sie ja manches Jahr denkbar ungünstig fallen. An Weihnachten sprechen wir auch einmal im Jahr ein Segensgebet vor dem Essen. Ich denke, dies machen an Weihnachten ziemlich viele. Vielleicht ist ja das mit dem Segen in der zweiten Strophe gemeint.

Reporter 2: DANKE.

Reporter 1: Können Sie mir sagen, wer Weihnachten erfunden hat?

Antwort: Oh, wissen Sie, das ist schon eine ziemlich alte Erfindung. Gott hat sich vor ca. 2000 Jahren überlegt, daß er selbst einmal als Mensch auf dieser Erde leben wolle. Deshalb hat er uns seinen Sohn gesandt. Na, und ihm zu Ehren feiern wir jedes Jahr Weihnachten. Dafür, daß diese »Menschwerdung Christi« schon so viele Jahre zurück liegt, ist sie den Menschen aber ziemlich gut in Erinnerung geblieben, finde ich.

Reporter 1: DANKE.

Reporter 2: Glauben Sie, nach dem, was in den letzten 2000 Jahren auf dieser Erde passiert ist, daß Gott seinen Sohn noch einmal auf diese Welt schicken würde?

Antwort: Bin ich Gott? Er wird sich vor ca. 2000 Jahren schon etwas dabei gedacht haben. Ich denke aber, er hat sich schon ein wenig mehr davon erhofft.

Ob er diesen Auftrag Jesus Christus noch einmal antun würde? Ich weiß es nicht. Besser würde es Jesus in der heutigen Zeit auf alle Fälle nicht gehen.

Reporter 2: DANKE.

Reporter 1: Warum, glauben Sie, hat Gott seinen Sohn auf diese Welt gesandt?

Antwort: Damit endlich Frieden herrscht auf dieser Erde. Aber wenn wir uns die Welt anschauen, von FRIEDE kann da nicht die Rede sein. Obwohl, eines muß man echt noch erwähnen, bemüht hat sich Jesus schon. Tauschen hätte ich mit ihm wahrlich nicht wollen. Die Menschen erinnern sich Jahr für Jahr an seine Geburt, aber an sein gesamtes Leben, an das, was er uns durch seine Menschwerdung zeigen wollte, erinnern wir uns nur selten. Jesus hat schließlich für uns auf dieser Erde gelebt.

Reporter 1: DANKE.

Reporter 2: Hat die Menschwerdung Christi auch etwas mit Ihrem Leben zu tun?

Antwort: Nein! Wie kommen Sie darauf.

Was soll die Menschwerdung von Christus mit mir… *(Name)* zu tun haben. Ich heiße doch nicht CHRISTUS, sondern… *(Name)*.

Reporter 2: DANKE.
Ansager: Ich möchte mich ganz herzlich bei allen Beteiligten dieser Umfrage bedanken. Wir haben doch recht eindrucksvolle, salbungsvolle und neue Stimmen zum Thema Menschwerdung, Geburt Christi, vernommen.
VIELEN DANK.
Ich beende hiermit dieses Interview und gebe weiter an unseren Herrn Pfarrer.

4. Kyrie-Text

Priester: Oftmals hat es den Anschein, als ob uns das Geburtsfest Jesu nur rein äußerlich beschäftigt. Wir vergessen, daß Gott für uns Mensch wurde, daß diese Menschwerdung mit einem jeden von uns etwas zu tun hat:

1. Menschgewordener Christus, dein Leben und Wirken auf dieser Erde verkörpert das Entgegenkommen Gottes.
2. Menschgewordener Christus, du kommst ohne Waffen, weil du nicht von außen erobern, sondern von innen gewinnen, von innen her umwandeln willst.
3. Menschgewordener Christus, du bist als Mensch zu uns gekommen, weil du uns zeigen wolltest, was »Mensch-Sein« bedeutet.

Priester: Herr, wir bitten um dein Erbarmen und deine Geduld. Vergib uns unsere Oberflächlichkeit und begleite uns auf dem Weg zu unserer eigenen Menschwerdung. Amen.

11. »Salbungsvolle Festtagspredigt«

(Diese Worte sollten von einem Gemeindemitglied gesprochen werden, das vielen Gottesdienstbesuchern bekannt ist. Geeignet dafür wäre eine Person aus dem Pfarrgemeinderat oder ein Lektor. Die Stimme des Redners sollte überfreundlich, übertrieben und salbungsvoll klingen.)

Gut wäre es, wenn sich die Festtagspredigt auf einen aktuellen Anlaß oder auf ein Jubiläum in der Gemeinde bezieht. Wir möchten mit unserer »Kurzansprache« eine kleine Anregung geben, wie so eine Festtagspredigt aufgebaut sein könnte.

Redner: (Anläßlich eines 25jährigen Gemeindejubiläums.)
Sehr verehrte Damen und Herren, liebe Gäste, liebe Gemeinde,
ich darf Sie alle, die Sie sich heute in unserer Kirche eingefunden haben aufs herzlichste willkommen heißen. Schon die immense Zahl, die hier mit uns Gottesdienst feiert, zeugt von der großen und wichtigen Bedeutung dieses Tages.

25 Jahre lebendige Gemeinde… *(Name der Pfarrgemeinde).*

25 Jahre einer Gemeinde, die stets versucht hat, sich an dem Vorbild Jesu zu orientieren und auch danach zu handeln. Doch erinnern wir uns an die Tage, an denen nur eine Handvoll gläubiger Christen sich für das Entstehen unseres Kirchenzentrums eingesetzt haben. Doch was sollte alles aus dieser noch so zarten, zerbrechlichen Blume, wenn es mir erlaubt ist, diese Formulierung zu wählen, hervorgehen… Dank der tatkräftigen Unterstützung und des aufopferungsvollen Einsatzes unserer treuen Gemeindemitglieder war es uns möglich, unser Pfarrheim zu bauen, darauf folgend auch gleich unserer Jugend einen festen Platz und eine Stätte ihres Wirkens zu geben. Doch lassen Sie uns die 25 Jahre von einem anderen Gesichtspunkt aus noch einmal betrachten …

Wir müssen zugeben, ohne unseren Glauben und die Menschwerdung Jesu, heute und vor 2000 Jahren, wäre es uns nie möglich gewesen, unsere Gemeinde so entstehen und wachsen zu lassen. Schließlich haben wir Begegnungsstätten für Jung und Alt erschlossen, die uns die Chance geben, in unserer Gemeinde als Christenmenschen zu leben, zu denken, zu handeln, und zwar so, wie Jesus es uns in seiner Menschwerdung gezeigt hat.

(1. Person aus dem Vorbereitungsteam, die mitten unter den Gottesdienstbesuchern sitzt, räuspert sich übertrieben laut. – Unser Redner spricht unbeirrt weiter.)

Gestatten Sie, daß ich aus der Festschrift, erschienen… *(Erscheinungsjahr),* anläßlich der Einweihung unseres Gemeindezentrums kurz ein paar treffende Worte unseres Herrn Pfarrers, mit seinem Einverständnis selbstverständlich, zitiere: »Unsere Gemeinde ist uns Verpflichtung in, mit und durch Christus zum wahren Menschen zu werden! Das geht nicht ohne den Mitmenschen. Das Zentrum ist bewußt so angelegt, daß sich alle Menschen begegnen müssen.«

(2. Person aus dem Vorbereitungsteam, die mitten unter den Gottesdienstbesuchern sitzt, sagt laut: »Das ist ja nicht zum Aushalten!« – Unser Redner spricht unbeirrt weiter.)

Diese Worte, meine lieben Zuhörer, nehmen sie nicht fast Visionen vorweg, was unsere Gemeinde 25 Jahre später ausmacht... Der Mensch darf dem Menschen nicht ausweichen. Er muß ihn sehen und bejahen. Der Alte den Jungen, der Fromme den Beschäftigten, der Frohe den Bedrückten...

(3. Person aus dem Vorbereitungsteam, die mitten unter den Gottesdienstbesuchern sitzt, steht auf, geht zum Ambo und zieht den Redner vom Mikrophon weg. Der Redner versucht sich noch zu wehren und spricht in Richtung Mikrophon weiter.)

Ich glaube, Sie alle können mir zustimmen, die Menschwerdung Christi war und ist für uns kein Lippenbekenntnis, keine schnell dahergesagte Formel, keine leere Worthülse ...

(3. Person hat es geschafft, den Redner vom Mikrophon wegzudrängen. Person 1 und 2 kommen auch zum Mikrophon. Sie kommen zu dritt ins Gespräch ...)

12. Gedanken

(Einstieg nach der salbungsvollen Festtagspredigt!)

A Diese Süßholzraspelei ist ja nicht mehr auszuhalten. Mir hat's schon öfter bei einer salbungsvollen Predigt den Magen umgedreht, aber den Mut dazwischenzufunken hatte ich noch nie. Bis jetzt habe ich immer alles schön brav geschluckt. Aber heute war es wirklich zu viel des GUTEN. Anscheinend ging's euch beiden genauso. Das Thema des Gottesdienstes »Menschwerdung« ist eigentlich nicht schlecht, aber dieser Ansprache konnte der beste Inhalt nicht standhalten.
Erich Kästner hat »Jesus zum Geburtstag« einmal ein Gedicht ge-

schrieben. Ich möchte es jetzt vorlesen, sagen wir als Gegenpol zur Ansprache.

»Dem Revolutionär Jesus zum Geburtstag

Zweitausend Jahre sind es fast, seit du die Welt verlassen hast, du Opferlamm des Lebens. Du gabst den Armen ihren Gott. Du littest durch der Reichen Spott. Du tatest es vergebens!

Du sahst Gewalt und Polizei. Du wolltest alle Menschen frei und Frieden auf der Erde. Du wußtest, wie das Elend tut, und wolltest alle Menschen gut, damit es schöner werde!

Du warst ein Revolutionär und machtest dir das Leben schwer mit Schiebern und Gelehrten. Du hast die Freiheit stets beschützt und doch den Menschen nichts genützt. Du kamst an die Verkehrten!

Du kämpftest tapfer gegen sie und gegen Staat und Industrie und die gesamte Meute. Bis man an dir, weil nichts verfing, Justizmord, kurzerhand beging. Es war genau wie heute.

Die Menschen wurden nicht gescheit. Am wenigsten die Christenheit, trotz allem Händefalten. Du hattest sie vergeblich lieb. Du starbst umsonst. Und alles blieb beim Alten.« (Zitiert nach Schaube, Werner, S. 87)

B »Du starbst umsonst. Und alles blieb beim Alten.« Das ist schon ein harter Satz, den Erich Kästner hier zum Schluß schreibt.

C Was heißt hier hart? Das Leben ist hart. Sieh dich doch um in der Welt. Wenn man sich das ganze Leid auf der Erde anschaut und dann vergleicht, was dieser Jesus gewollt hat, dann kann man nicht anders. »Feindesliebe«, ja von wegen.

B Wie sagte unser Vorredner: »In, mit und durch ihn zum wahren Menschen werden.« Ich kann diesen Menschen nirgendwo erkennen.

C Da ist schon etwas Wahres dran. Aber ganz umsonst kann diese Menschwerdung Christi nicht gewesen sein. Würden wir sonst hier sitzen? Ich gebe dir recht, daß wir noch weit davon entfernt sind, so zu leben, wie es Jesus gefallen würde. Aber positiv daran ist doch, daß sehr viele Menschen seine Botschaft nicht vergessen haben.

B Was heißt hier nicht vergessen? Schau sie dir an, die Leute, die hier sitzen. Die meisten von ihnen können wahrscheinlich das halbe Evangelium in- und auswendig. Aber wer von uns schafft es schon, diese Botschaft in seinem eigenen Leben umzusetzen.

C Das schafft doch kein Mensch. Wo und wie sollen wir denn damit anfangen?

A Aber Gott verlangt doch von uns nichts Unmögliches. Denk doch einmal an das heutige Evangelium. Gott hat jedem Menschen Talente gegeben. Es kommt ganz alleine auf uns an, sie gewinnbringend einzusetzen. Er fordert von uns nur das, was in uns steckt. Das heißt, wir dürfen unsere Talente nicht in uns verbuddeln, wir müssen sie einsetzen, um die Aufgaben in unserem Leben sinnvoll zu lösen.

B Na, dann kannst du hier ja gleich mit dem Bagger anrücken. Schaufel und Spaten werden bei so vielen Menschen wohl nicht mehr ausreichen. Ich bin mir sicher, daß bei uns noch viele Talente vergraben sind.

A Es ist natürlich bequemer, seine Talente zu vergraben, als sie einzusetzen. Es gibt nur wenige Menschen, die sich den ... *(zeigt auf sein Hinterteil)*, na du weißt schon, für die Gemeinde aufreißen, aber viele, die darauf sitzen.

B Recht hast du! Es ist natürlich einfacher, den Weihnachtspfarrbrief aus dem Briefkasten zu nehmen, als ihn auszutragen. Wieviele haben denn wieder mehrere Bezirke austragen müssen, damit alle Gemeindemitglieder versorgt sind?

A Da fällt mir noch etwas ein. Der AGH = Arbeitskreis gerechter Handel. Ist das Gerechtigkeit, wenn sich alle vier Wochen die gleichen Leute die Füße in den Bauch stehen und frieren, um die Artikel zu verkaufen. Die würden sich bestimmt auch über Verstärkung freuen.

(Natürlich sollten hier aktuelle Beispiele aus Ihrer Gemeinde genannt werden!)

C Wenn wir alle Beispiele aus dem Gemeindeleben aufzählen würden, säßen wir an Silvester noch da.

B Stimmt! Es gibt so viele Aufgaben in unserer Gemeinde, da ist wirklich für jeden etwas dabei.

A Ob ich etwas aus meinen Talenten mache, hängt nicht von meinem Können ab. Oft kommt es nur darauf an, meine eigene Bequemlichkeit zu überwinden. Aber, kannst du dir dann erklären, warum so viele Menschen sich nicht engagieren?

B Du meinst also, warum sie ihre Talente nicht einbringen?

A Genau! Jeder Mensch besitzt Talente, egal welches Alter, ob Mann oder Frau, unabhängig vom Beruf. TALENTE SIND ANGEBORENE FÄHIGKEITEN.

C Kannst du mir jetzt spontan erzählen, was du kannst, welche Fähigkeiten in dir stecken?

A Hm, was ich kann... Gitarre spielen kann ich, aber auch nur einige Griffe. Wenn ich meinen Gitarrrenlehrer anschaue, so gut wie der werde ich sowieso nie. Hm, was gibt's denn noch? So spontan fällt mir da gar nichts ein. Naja, vielleicht noch Kochen. Aber was ist schon Kochen?

C Merkst du was? Wenn alle Menschen solche Schwierigkeiten beim Erkennen ihrer Fähigkeiten haben wie du, dann wundert's mich nicht, daß sie sich so wenig zutrauen.

B Wenn ich euch so zuhöre, dann muß jeder Mensch erst einmal auf seinem Acker die eigenen Schätze ausgraben. Wie wir bei dir,... *(Name von Person A)*, gesehen haben, ist es gar nicht so einfach, diesen Schatz zu finden. Oftmals ist man versucht, sich in den Schatten anderer zu stellen und seine Talente zu relativieren, wie wir bei deinem Beispiel gehört haben.

C Also bringen wir es auf den Punkt. Das Wichtigste ist erst einmal, sich seiner Fähigkeiten bewußt zu werden und sie zu schätzen. Nicht wie viel oder wie gut ich eine Sache kann, ist entscheidend, sondern einfach daß ich etwas kann und es auch einbringe.

A Nicht schlecht, euere Gedanken. Erst wenn jeder von uns hier seine Talente im Namen Jesu nutzt, ist Gemeinde, ist UNSERE MENSCHWERDUNG möglich. Und um noch einmal auf die Worte von Erich Kästner zurückzukommen:
Erst dann war Jesu Menschwerdung nicht umsonst.

14. Fürbitten

Priester: Deine Botschaft, menschlicher Gott, ist uns bekannt. Doch wie oft fehlt es an Menschen, die sie umsetzen? Darum bitten wir dich:

1. Es geht nicht an, daß Gott Mensch wurde und alles bleibt wie es ist.
   Wir bitten um die bewegende Kraft der Menschwerdung, damit sie wirksam wird und bleibt und daß sie auch die Menschen in unserer Gemeinde bereit macht, einander zu dienen.
2. Es geht nicht an, daß Gott Mensch wurde und wir uns mit der Erinnerung an ihn begnügen.
   Wir bitten für alle christlichen Kirchen, welche es bis heute nicht geschafft haben, ihre Talente gewinnbringend einzusetzen, um so dem Auftrag Jesu gerecht zu werden.
3. Es geht nicht an, daß Gott Mensch wurde und keinem geht ein Licht auf.
   Wir bitten für einen Hoffnungsschimmer für all jene, die unter Krieg, Verfolgung und Hunger leiden, sowie um das Licht der Erleuchtung für ihre Peiniger.
4. Es geht nicht an, daß Gott Mensch wurde und doch umsonst gelebt hat.
   Wir bitten für unsere eigene Menschwerdung an jedem neuen Tag, damit das Reich Gottes anbrechen kann.

Priester: Darum bitten wir dich, der du für uns Mensch wurdest, damit uns ein bzw. dein Licht aufgeht. Amen.

25. Konkrete Umsetzung der Gedanken

und Mitnehm-Aktion

(Zwei Personen unterhalten sich über die »Predigt«.)

A Also das, was die in der Predigt gesagt haben, das stimmt schon alles! Die Talente, die vergraben sind und so.

B Auf jeden Fall! Mir fallen jedoch noch mehr Beispiele außer dem Arbeitskreis Gerechter Handel und Pfarrbriefverteilen ein, wie jeder SEIN Talent in der Gemeinde einbringen kann.

A Klar, auch die Jugend kann immer eine helfende Hand gebrauchen!

B Stimmt! Es fehlen zum Beispiel Jugendliche, die sich trauen Verantwortung zu übernehmen, z.B. eine Gruppe zu leiten.

A Du hast recht. Aber nicht nur die Jugend könnte Leute gebrauchen. Auch der Kranken- und Altenpflegedienst würde sich sicher freuen, wenn Neue dazustoßen würden!

B Das ist ja schön und gut. Jetzt haben wir diese Punkte hier in der vollbesetzten Kirche zur Sprache gebracht, aber wer erinnert sich in 10 Minuten noch daran? – Keiner!

A Naja, wir müßten das jetzt irgendwie sammeln und aufschreiben. Dann könnten wir es verteilen; aber schaffen wir...?

B Wieso denn nicht? Hier ist ein Zettel! Ich schreib' schnell noch einmal alle angesprochenen Punkte auf. *(Schreibpause)*

A Gut! Und ich lauf' rüber ins Pfarrbüro und kopiere das Ganze! *(Zettel wird übergeben. Person A läuft los und verläßt die Kirche. Die Handzettel sind natürlich schon vor dem Gottesdienst zusammengestellt und kopiert worden.)*

Danklied

A *(Kommt abgehetzt zur Kirchentür herein und ruft.)*
Ich hab's geschafft. Jetzt können wir den Leuten unsere Ideen doch noch schriftlich mitgeben.
(Die beiden Personen teilen die Handzettel aus.)

Beispiel für die Handzettel zu den verschiedenen Aufgabengebieten:

Pfarrbriefausträgerdienst

Sind Sie gut zu Fuß? Suchen Sie eine sinnvolle Freizeitbeschäftigung, die auch noch Ihrer Gesundheit zugute kommt? Dann haben wir genau das Richtige für Sie: Den Pfarrbriefausträgerdienst. Ungefähr viermal im Jahr können Sie in der Gemeinde mithelfen, den Pfarrbrief in die Haushalte zu bringen. Sie bekommen einen Bezirk zugeteilt und eine Liste mit den Namen der Personen, denen ein Pfarrbrief zugestellt wird. Das ist keine große und zeitaufwendige Sache, aber eine wichtige Aufgabe in Ihrer Gemeinde.
(Kontaktadresse mit Telefonnummer angeben.)

Arbeitskreis Gerechter Handel mit der dritten Welt (AGH)

Wollen Sie, daß unsere Welt gerechter wird und daß jeder für Arbeit und Produkte einen gerechten Preis erzielt? Dann sind Sie bei uns ge-

rade richtig, dem AGH! Unsere Aufgabe sehen wir darin, die Ungerechtigkeiten im Welthandel wieder ins Bewußtsein zu rufen und an ihrer Überwindung mitzuarbeiten. Wir bieten die Mitarbeit in einer engagierten Gruppe und erwarten von Ihnen, daß Sie mit Hand anlegen bei der Vorbereitung und Durchführung unserer Aktionen, z. B. unseres AGH-Verkaufs an jedem 3. Wochenende im Monat in der Kirchenvorhalle.
(Kontaktadresse mit Telefonnummer angeben.)

Ausblick
Hoffentlich hat die Buddel- und Baggeraktion etwas bewirkt?
Die Menschwerdung Christi und auch die Anregungen aus diesem Gottesdienst sollten Aufforderung genug sein. Aufforderung zu was? Die Antwort auf diese Frage müßte jetzt aber nur so heraussprudeln:

- Nicht nur meine eigene Oberfläch(lichkeit)e sehen, sondern tiefer gehen.
- Mir meiner Talente bewußt werden und überlegen, wo ich sie »gewinnbringend« einsetzen kann.
- Die eigenen Talente genau betrachten, und dann mindestens eines davon in der Gemeindearbeit integrieren. Die Frage: »Wohin soll ich mich wenden?« zählt nicht, denn auf den »Gemeinde-Mitarbeit-Motivationskarten«, die jeder am Ende des Gottesdienstes bekommen hat, ist eine Kontaktadresse zu finden.

Wenn wir uns noch gegenseitig motivieren und mitreißen, dann müßte in der Gemeinde bald ein beachtlicher »Talentschuppen« vorzufinden sein. Jesu Leben und Wirken kann und soll bei der Suche nach den eigenen Begabungen als Vorbild dienen.

Wir wünschen Ihnen wie dem Diener im Evangelium Erfolg und Freude beim Einsetzen Ihrer Talente.

29. Schlußlied
So gibt euch Gott ein Lebenszeichen. Anhang S. 188

Aschermittwochgottesdienst
»Sammle Farben für dein Leben«

Einblick

Das Wort Fastenzeit birgt für viele Menschen Verbindungen zu Abnehmen, Langsamer tun usw. Uns gefiel das Bild des Farbkastens, des Lebensfarbkastens. Fastenzeit als die Möglichkeit Ordnung zu schaffen.

Es gibt vertrocknete Farben, Farben, die mit anderen gemischt wurden, leere Farbnäpfe und die Möglichkeit, daß sich meine »Lebenslieblingsmalfarben« geändert haben. Wie geschrieben, wir benötigen Zeit, um zu sehen und gründlich aufzuräumen.

In diesem Gottesdienst wollen wir uns mit unserem Farbkasten beschäftigen und dadurch den Einstieg in eine farbintensive österliche Bußzeit wagen.

Auf einen Blick – Kurzablauf des Gottesdienstes

1. Einzug
2. Eingangslied
   Jetzt ist die Zeit (Cantate Nr. 182, Strophen 1, 6, 8)
3. **Begrüßung**
4. **Anspiel**
5. **Kyrie-Text**
6. Kyrie-Ruf
   Herr, erbarme dich unserer Zeit (Cantate Nr. 22)
7. **Tagesgebet**
8. **Lesungstext**
9. **Zwischengesang (als Ausdruckstanz)**
   Farben für den Winter (CD, Role Kalkbrenner, Margetshöchheim, »Jonathan & Laurent« LIVE Nr. 6)
10. Evangelium Matthäus 6,16–18
    Vom Fasten

11. Gedanken

12. Aschenkreuzauflegung

13. Lied
    Unsere Hoffnung bezwingt die schwarze Angst (Cantate Nr. 265)

14. Glaubensbekenntnis

15. Fürbitten

16. Fürbittruf
    (gesprochen)

17. Lied zur Gabenbereitung
    Nimm', o Herr, die Gaben (Cantate Nr. 61)

18. Gabengebet

19. Präfation

20. Heilig
    Heilig (Cantate Nr. 77)

21. Hochgebet

22. Vater unser

23. Lied zum Friedensgruß
    Unter uns Gott (Cantate Nr. 106)

24. Lamm Gottes

25. Kommunion

26. Danklied
    Ich sammle Farben für mein Leben
    (Lied von Jonathan und Laurent, textlich umgedichtet)

27. Erklärung des Symboles

28. Schlußgebet

29. Segen

30. Schlußlied
    Wo Menschen sich vergessen (Cantate Nr. 278)

Durchblick – die TIM (Text-Inhalt-Methode-Erklärungen)

3. Begrüßung

Liebe Sammler,
ich möchte Sie und euch alle herzlich begrüßen. Dieser Aschermittwochsgottesdienst steht unter dem Motto »Sammle Farben für dein

Leben«. Sammeln kann ich vieles, Briefmarken, Münzen, Spielzeug, usw. – aber Farben?

Mancher wird vielleicht an die letzte Wohnungsrenovierung gedacht haben, von der noch übrige Farbe im Keller steht. Eventuell ist sogar die Maus Frederick von Leo Lionni in Ihren Gedanken spazieren gegangen. Frederick, der Sonne, Licht und Farben für die dunklen Monate sammelt. So ein Farbenvorrat ist in jedem von uns. Im Rahmen dieses Gottesdienstes wollen wir unseren »Farbkasten« etwas genauer betrachten. Uns allen wünsche ich offene Augen und gute, bunte Erfahrungen in der nächsten Stunde.

4. Anspiel

(Bei diesem Anspiel geht es um einen Menschen, der seinen Lebensfarbkasten betrachtet. Die Farben selbst werden von einfarbig angezogenen Personen dargestellt, die sich in einer »Farbkastenordnung« aufstellen. Unser Farbkasten besitzt die Farben gelb, orange, rot, blau, grün, braun und zusätzlich noch schwarz und weiß. Die Farbe, über die der Mensch gerade nachdenkt, steht auf, alle anderen sind in gebückter Haltung.)

Ein Mensch läuft *(laut vor sich hinsprechend)* durch seine Wohnung, in der ziemliches Chaos herrscht. Mit Staubwedel, Staublappen und besten Vorsätzen stolpert er über etwas, das er als seinen Farbkasten erkennt.

Mensch: Jetzt fängt wieder die Fastenzeit an. Vielleicht schaffe ich es ja dieses Mal, etwas kürzer zu treten und mir mehr Zeit zum Nachdenken zu nehmen. Zeit für eine kleine Aufräumaktion sollte auch noch drin sein. *(Mensch stolpert!)*

Hoppla, über was bin ich denn jetzt gestolpert? Das ist ja mein Farbkasten. Mit dir habe ich mich schon lange nicht mehr beschäftigt. Eine Zeitlang warst du ja sehr wichtig in meinem Leben, ein richtiger Lebensfarbkasten.

(Mensch nimmt den Pinsel aus dem Farbkasten!)

Gemalt habe ich sehr gerne. Der Pinsel konnte oft nicht genügend Farbe aufnehmen. Besonders oft war er bei den warmen Rottönen zu finden. *(Rote Farbe steht auf!)*

Wenn ich dich so anschaue, bist du kurz vor dem Eintrocknen; von deiner Wärme ist nicht mehr viel übrig. Vielleicht sieht es ja in mir ähnlich aus. Wo ist meine Wärme geblieben, und für wen hatte ich in der letzten Zeit Wärme übrig?

(Pause! Die rote Farbe nimmt wieder Platz, und die Farbe Gelb steht auf!)

Na du Gelb, du könntest für das Schnelle und Eilige in meinem Leben stehen. Manchmal bin ich wie ein Blitz, nur kurz zu sehen. Immer in Hektik nach dem Motto »Heute hier, morgen dort«. In deinem Farbtopf war auch der Pinsel immer nur ganz kurz. Vor lauter Hektik beim Malen hat er einige Haare lassen müssen.

(Mensch fährt mit dem Pinsel über die »gelbe Farbe«. Gelb setzt sich, und der Mensch geht weiter zu Grün. Er nimmt seinen Staublappen und poliert es.)

Du hast mich in der letzten Zeit oft begleitet. Du weißt schon, als Farbe der Hoffnung. Wie sehr habe ich gehofft und gebetet, daß sich so einiges zum Guten hin entwickelt. Gerade wenn ich es am wenigsten vermutet hätte, sah ich so manchen grünen Farbklecks auf meinem Lebensweg.

(Pause! Grün setzt sich, und Orange steht auf!)

Dich muß ich wirklich entstauben, ich weiß gar nicht, wie lange ich dich nicht mehr gesehen habe.

(Er entstaubt mit seinem Staubwedel die Farbe Orange!)

Da kommt ja eine richtig schöne Farbe zum Vorschein. So könnte es mit vielen Dingen in meinem Leben sein. Freundschaften, die leicht angestaubt, aber dennoch ein wertvoller Schatz sind. Oder Bücher und CDs, die ich schon lange nicht mehr gelesen oder gehört habe?

(Pause! Orange nimmt Platz, und die Farbe Blau erhebt sich!)

Na bei dir ist ja wirklich nicht mehr viel zu holen. Bei genauem Hinsehen kann ich dich als Blau erkennen. Ich denke, ich muß mir die Zeit nehmen, um dich mal nachzufüllen. Wenn ich es mir recht überlege, dann gibt es auch bei mir einiges aufzufüllen. Keiner lebt aus seinen eigenen Reserven, auch Farben nicht. Es stimmt, ich muß wirklich etwas dafür tun.

(Pause! Blau setzt sich, und Braun steht auf!)

Du Braun, könntest für all das stehen, was in meinem Leben zur Zeit unwichtig ist. Vielleicht sollte ich dir, aber auch manchen Menschen und Dingen, eine Auszeit geben, um ihren Wert neu zu entdecken?

(Braun nimmt wieder Platz, dafür stehen Schwarz und Weiß auf!)

Na ihr beiden, eigentlich seid ihr ja gar keine Farben, aber dennoch wichtig für die dunklen und hellen Stellen, die es in jedem Bild und in jedem Leben gibt. Ohne euch wäre kein Kontrast und damit aber auch keine Freude und Trauer möglich.

(Schwarz und Weiß setzten sich!)

Es ist schon interessant, was alles so passiert, wenn man seinen Gedanken Raum und Zeit gibt. Vieles wird mich noch weiter begleiten, ich werde mir wirklich Zeit nehmen zum Malen und damit auch für mich, meine Farben und Gedanken.

(Der Mensch klappt den Farbkasten zu und verläßt das Zimmer.)

5. Kyrie-Text

Priester: Ein Mensch betrachtet seinen Farbkasten und bekommt dadurch Rückmeldungen für sein Leben. Er nimmt sie ernst. Auch wir wollen einen Blick wagen und unseren Lebensfarbkasten betrachten:

1. Manche unserer Farben, unserer Fähigkeiten liegen brach. Wir nehmen uns keine Zeit mehr und vergessen sie.
2. Es gibt oft leere Farbtöpfe. Wir sehen keinen Grund sie aufzufüllen oder selbst einmal wieder bei dir aufzutanken.
3. Manchmal verpassen wir den Zeitpunkt alte Farben auszumisten, um neuen Farben Raum zu geben.

Priester: Gott, der du gemeinsam mit uns den Pinsel führst. Dein »dabei sein« ist unsere Hoffnung beim Malen des Lebensbildes. Amen.

7. Tagesgebet

Du Gott der Farben und des Lichtes,
wir alle haben einen Lebensfarbkasten, den es gilt wieder intensiver zu betrachten und behutsam umzugestalten. Du machst uns in der österlichen Bußzeit das Angebot, sich dieser Aufgabe zu stellen. Wir danken dir und bitten in diesem Gottesdienst um die Kraft und den Mut, diese »Aufräumarbeiten« anzugehen. Amen.

8. Lesungstext

Es war einmal der Lebensfarbkasten von Herrn Pinselklecks, und es war einmal der Beginn der Fastenzeit.

Herr Pinselklecks bezeichnete sich als tief religiösen Menschen, und deshalb nahm er es mit der Fastenzeit auch sehr genau. Einen richtigen »Regel-Verzicht-Kalender« hatte er aufgestellt, den er sich über sein Bett hängte, damit er morgens, gleich nach dem Aufstehen und auch am Abend daran erinnert wurde. Eine selbst gebastelte »Mini-Memo-Fastenhilfe« steckte er sich wie jedes Jahr in den Geldbeutel, und auf das Lesezeichen in seiner Bibel schrieb er noch einmal die drei wichtigsten Fastengebote. Er war also bestens gerüstet für die österliche Bußzeit. Ein leichter Grauschimmer flackerte auf seiner Stirn auf, wenn er an die sechs Wochen dachte, die vor ihm lagen. Und genau dieser Grauschimmer legte sich natürlich auch auf die Farben in seinem Lebensfarbkasten.

Das ROT seufzte: »Oh nein, nicht schon wieder!« Das GELB antwortete gefrustet: »Doch, doch, es ist wieder so weit, die »Grau-Trist-Frustphase« von unserem Herrn Pinselklecks hat begonnen.«

»Grau-Trist-Frustphase«, so hatten die Farben die Fastenzeit »ihres Herren« genannt. Schließlich war es nicht das erste Jahr, daß Herr Pinselklecks seine Fastenvorbereitungen traf.

Es dauerte nicht mehr lange, dann war es so weit. Sein Gesicht verlor jegliche Farbe, er schlurfte nur noch durch seine Wohnung und fiel in seinen »Fasten-Trance-Zustand«. Jetzt war es allen klar, der Aschermittwoch war da.

Da meldete sich das BLAU zu Wort: »Dieses Jahr sollten wir nicht wieder farblos zusehen, wie Herr Pinselklecks sich und seine

Umwelt sechs Wochen lang mit seiner Aktion ›Wie nehme ich jegliche Farbe aus meinem Leben‹ nervt. Die Fastenzeit hat ihre Berechtigung und ihren Sinn, ich muß sie nur richtig angehen.«

»Stimmt«, seufzte das GELB, »schaut euch nur um, hier in seinem Lebensfarbkasten, da gäbe es einiges zu tun. Farben ordnen und reinigen, damit ihre volle Leuchtkraft zum Tragen kommt; sich von fast leeren und eingetrockneten Näpfen trennen können, und somit Platz für neue Lebensenergie, äh Lebensfarbe schaffen.«

»Also, lange Rede kurzer Sinn«, sprach das ROT motiviert, »wir müssen uns überlegen, wie wir Herrn Pinselklecks aus seinem ›Fasten-Trance-Zustand‹ herausholen können,« – »und wir müssen ihm auch verklickern, daß seine Farben in der Fastenzeit nicht zu einem grau-in-grau zusammengemixt werden dürfen, sondern daß seine Aufgabe darin besteht, sich gerade jetzt besonders um uns zu kümmern«, fiel ihm das BLAU aufgeregt ins Wort.

Die drei Grundfarben bemerkten plötzlich ein Blubbern, Zischeln und Sprühen um sich herum. Die übrigen Farbtöne haben der Unterhaltung mit Begeisterung gelauscht. Es scheint, als ob sich im Leben von Herrn Pinselklecks bald was tun würde.

ROT, GELB und BLAU hatten auch schon eine geniale, wenn auch »farblose« Idee. Sie nahmen zu allen Lebensfarbkästen Kontakt auf, die mit Herrn Pinselklecks in Beziehung standen. Das waren die Farbkästen von den Familienangehörigen, den Geschäftskollegen, den Kegelbrüdern, dem Hausmeister und der Tennislehrerin. Der Auftrag lautete: Die Menschen, die mit Herrn Pinselklecks zusammentreffen, sollen ihm mit der gleichen »Farbintensität« gegenübertreten wie er ihnen. Das heißt im Klartext: Sie sollen ihm den Spiegel vor's Gesicht halten.

Es dauerte nicht lange, bis unser »Fastenmeister« aus seinem »Trance-Zustand« erwachte und sich über die Gesichtsausdrücke seiner Mitmenschen Gedanken machte: Was war nur mit ihnen los, warum sehen sie alle so traurig, so bemitleidenswert aus? Irgendwie hatten sie alle einen leichten Graustich. Die Farben von Herrn Pinselklecks grinsten sich eins in ihre Näpfe; ihr Plan schien zu klappen. Und als unser Fastenfreund am nächsten Morgen in den Spiegel schaute, schaltete sich sein Geistesblitz ein und verhalf ihm zur Erleuchtung: »Wenn ich mich so ansehe, dann wundert mich nichts mehr. Dieser Graustich ist ja frustrierend. Da kann meinem Gegenüber ja kein Lächeln über die Lippen kommen. Ab heute wird alles anders. Ab heute lautet mein Motto: FA+FA! Was soviel heißt wie ›Fasten und Farbe‹!«

Herr Pinselklecks machte sich gleich daran seinen »Regel-Verzicht-Kalender« zu überarbeiten und mit Fabklecksen zu versehen. Seine »Mini-Memo-Fastenhilfe« hatte weiterhin im Geldbeutel seinen Platz, doch war sie jetzt auf buntes Papier geschrieben und an die drei wichtigsten Regeln mußte er nicht unbedingt täglich erinnert werden. Er drehte das Lesezeichen einfach um.

Und damit er auf keinen Fall in Versuchung kam seinen Lebensfarbkasten zu vergessen, kaufte er sich einen Blumenstrauß mit den verschiedensten Blumen, in den unterschiedlichsten Farbtönen, sozusagen als »Riesen-Memo-Farbenhilfe« für die Fastenzeit.

Die Farben in Herrn Pinselklecks Lebensfarbkasten waren glücklich und zufrieden. Sie durchlebten mit ihrem »Fasten- und Farbenmeister« eine intensive und farbige österliche Bußzeit.

9. Zwischengesang (als Ausdruckstanz)

Farben für den Winter (Role Kalkbrenner, Margetshöchheim; CD »Jonathan & Laurent ›Moment mal‹ Nr.3 und ›Heilhut Semmeldroll – Farben für den Winter‹ Nr.4; beide Tonträger zu beziehen bei Jonathan Böttcher, Oberlaudenbacherstr. 49, 64646 Heppenheim)

(Grundstellung: Kreisform mit Blick zur Mitte – vor jedem Tänzer liegt ein Chiffontuch auf dem Boden. Die Tücher sollten verschiedene Farben haben. Die einzelnen Bewegungen werden bewußt und langsam ausgeführt.)

Refrain:

Ich sammle Farben für den Winter	Oberkörper zur Mitte beugen und dabei das Tuch mit der rechten Hand langsam aufheben. Das Tuch wird nur an einer Ecke festgehalten, so daß es locker nach unten hängt.

und mal' sie auf ein Blatt Papier	Tuch vor dem eigenen Körper hin- und herschwingen. Körper wiegt leicht nach links und rechts mit.
und wird die Welt eines Tages grau und leer,	Tuch mit beiden Händen zusammenknüllen, so daß nichts mehr von dem Tuch zu sehen ist.
dann schenk' ich meine Farben her.	Tuch schwungvoll mit ausgestreckten Armen nach oben werfen und zu Boden fallen lassen. Dabei die Arme seitwärts nach unten führen, bis sie am Körper anliegen.

1. Strophe:

Ich sammle Licht für alle Blinden,	Tuch langsam mit der rechten Hand aufheben und bis in Augenhöhe vor dem Körper nach oben ziehen.
die die Schönheit dieserWelt schon nicht mehr seh'n.	Tuch vor den Augen hin- und herschwingen.
Die gerade wieder geh'n, ohne sich 'mal umzudreh'n,	Vier Schritte zur Mitte gehen, dabei den rechten gestreckten Arm mit dem Tuch in der Hand langsam von unten nach oben führen.
die immer nur im Schatten steh'n.	Vier Schritte rückwärts gehen. Dabei den rechten gestreckten Arm mit dem Tuch in der Hand langsam von oben nach unten senken. Beim vierten Schritt Tuch vor dem Körper fallen lassen.
Refrain:	siehe oben

2. Strophe:

Ich sammle Lieder für den Tauben,	Tuch langsam mit der rechten Hand aufheben, rechts neben dem Körper bis in Ohrenhöhe nach oben ziehen.
der nur noch seine eigene Stimme hört.	Neben dem rechten Ohr das Tuch auf- und abschwingen.

Der redet und nicht denkt, und das, was man ihm schenkt,	Vier Schritte zur Mitte gehen, dabei den rechten gestreckten Arm mit dem Tuch in der Hand langsam von unten nach oben führen.
durch seine Worte nur zerstört.	Vier Schritte rückwärts gehen. Dabei den rechten gestreckten Arm mit dem Tuch in der Hand langsam von oben nach unten senken. Beim vierten Schritt Tuch vor dem Körper fallen lassen.
Refrain:	siehe oben

3. Strophe:

Ich sammle Mut und Hoffnung	Tuch mit der rechten Hand aufheben und schwungvoll nach oben ziehen.
für den Stummen,	Tuch in Schlangenbewegungen vor dem Körper nach unten führen.
der schweigt und nur das tut,	Tuch mit der rechten Hand schwungvoll nach oben ziehen.
was man ihm sagt.	Tuch in Schlangenbewegungen vor dem Körper nach unten führen.
Der seine Wut verbirgt,	Tuch mit beiden Händen, in leicht gebeugter Haltung, an den Körper drücken.
aus Angst, daß er verliert,	Beide Arme nach oben strecken.
was ihm selber nie	Tuch mit beiden Händen, in leicht gebeugter Haltung, an den Körper drücken.
gehört.	Beide Arme nach oben strecken. Tuch vor dem Körper fallen lassen.
Refrain:	siehe oben

4. Strophe:

Ich bin ein Kind, ich bin ein Sammler.	Tuch mit der rechten Hand schwungvoll nach oben ziehen und sich in Tanzrichtung aufstellen.

Ich such' das Schöne dieser Welt.	In Tanzrichtung laufen und Tuch neben dem Körper schwingen.
Und wenn noch mehr Kinder mit mir sammeln geh'n,	Vier Schritte zur Mitte gehen, dabei den rechten gestreckten Arm mit dem Tuch in der Hand langsam von unten nach oben führen.
dann bleibt unsere Welt besteh'n.	Tuch langsam vor dem Körper auf den Boden fallen lassen.
Refrain:	siehe oben

11. Gedanken

Wir wollen an dieser Stelle stichpunktartig ein paar Umsetzungsmöglichkeiten vorstellen. Oder anders gesagt: Wie bekomme ich, ausgehend von der Farbensymbolsprache, den Bezug zum realen Leben.

LEBENSFARBKASTEN:Alles, was in einem Menschen steckt. Seine hellen und dunklen Seiten, sein Innenleben, für das er selbst verantwortlich ist.

FASTENZEIT: Eine Möglichkeit, sich seinen Lebensfarbkasten wieder einmal etwas genauer zu betrachten, sich etwas intensiver mit ihm zu beschäftigen und anfallende Aufräum- und Säuberungsarbeiten zu erledigen.

EINGETROCKNETE FARBEN: Sie können für Beziehungen stehen, die auf Eis liegen, für ungelöste Probleme, für Phasen in meinem Leben, in denen mich der Alltagstrott eingeholt hat und meine Phantasie und Lebensfreude versiegt ist.

VERBRAUCHTE, FAST LEERE FARBNÄPFE: Hier ist oft eine Entscheidung gefragt. Sehr stark belastende Beziehungen und Situationen haben den letzten Farbrest aus meinem Körper gezogen. Ich bin kräfte- und farbmäßig am Ende. Schaffe ich es, für diese Angelegenheit wieder Mut und Kraft zu sammeln, dann kann ich den Farbnapf mit der gleichen Farbe auffüllen, oder brauche ich erst einmal Abstand und Abwechslung, dann entscheide ich mich vielleicht für eine neue Farbe. Das Wichtigste ist aber erst einmal, mich von etwas loszulösen. Manchmal ist es auch gut, nicht alle Plätze in meinem Lebensfarbkasten gleich wieder zu besetzen. Freiräume sind wichtig, um jederzeit meinen Deckel öffnen zu können und Neues hereinlassen zu können.

UNREINE, DRECKIGE FARBEN: Erst einmal Gehirn einschalten und nachdenken. Wie konnte es zu so einer verworrenen Situation kommen? Wer mischt in diesem Farbnapf alles mit? Wie komme ich an die Ausgangssituation, an die Grundfarbe heran? Wo ist ein klärendes Gespräch angesagt? Also, bitte nicht einfach mit einem möglichst dicken Pinsel in dem Napf umherfahren, bis der Dreck abgetragen ist.

WASSERGLAS UND PINSEL: Das Wasserglas steht für die klaren Gedanken (muß immer wieder erneuert werden) und der Pinsel für den nötigen Aktivismus. Dann steht der Gestaltung des eigenen Lebensbildes nichts mehr im Wege.

12. Aschenkreuzauflegung

Sinn der Aschenauflegungssprüche ist es, den Menschen an seine eigene Vergänglichkeit zu erinnern. «Bedenke, o Mensch, du bist Staub und wirst zum Staub zurückkehren.« Für uns steckt darin die Aufforderung das Leben zu nutzen, etwas daraus zu machen. In diesem Sinne haben wir uns »bunte« Aschensprüche überlegt:

1. Blick um dich und suche die Farben deines Lebens!
2. Es ist Zeit, in deinem Farbkasten Ordnung zu schaffen!
3. Sammle Farben und nimm dir die Zeit sie anzuschauen!

15. Fürbitten

Priester: Viele Gedanken beschäftigen uns. Einige davon wollen wir in deine Hände legen im Vertrauen darauf, daß du bei uns bist:

1. Oft sind wir uns unseres Lebensfarbkastens gar nicht mehr bewußt. Einfarbigkeit geht Hand in Hand mit Eintönigkeit. Unterstütze uns darin, den Deckel mutig wieder aufzuklappen und uns der Vielfalt zu stellen.
2. Manchmal gibt es nur noch Schwarzweißmalerei, Farben haben da keinen Platz. Laß uns erfahren wie wichtig Farbtupfer in unserem Leben sind, damit auch wir wieder Farbe für andere sein können.
3. Vertrocknete Farben fliegen raus, das entspricht unserer Wegwerfmentalität. So geht es auch oftmals Menschen in unserer Gesellschaft. Sie sind nicht bunt, also wollen wir uns nicht mit ihnen beschäftigen. Sei bei uns, wenn wir nach dem »Warum« fragen.
4. Das Lebensbild vieler Menschen ist vollendet. Laß uns oft an diese Bilder denken, in dem Wissen, daß dahinter ein Mensch steht mit all dem, was sein Leben ausgemacht hat.

Priester: Darum bitten wir dich, du Gott der Farben und des Lebens. Amen.

26. Danklied

Ich sammle Farben für mein Leben
(Lied von Jonathan und Laurent, textlich umgedichtet)

Refrain:
Ich sammle Farben für mein Leben
und mal' sie auf ein Blatt Papier.
Und wird die Welt eines Tages grau und leer,
dann schenk' ich meine Farben her.

1. Strophe:
Ich seh' die Farben meines Lebens
und nehm' mir Zeit sie anzuschau'n.

Ich seh' ihr Wirken an
und frage mich sodann,
ob Leben nicht noch mehr sein kann.

2. Strophe:
Manche sind verbraucht, vertrocknet,
sie malten Dunkelheit und Licht.
Ich seh' die Leere an
und weiß sodann,
daß Platz für Neues hier sein kann.

Refrain

3. Strophe:
Ich schau' mich um nach neuen Farben,
nicht jeder Farbklecks paßt zu mir.
Den Mut zur Lücke habe ich
und laß sie steh'n,
um neue Farben anzugeh'n.

Refrain

4. Strophe:
Ich bin ein Mensch, ich bin ein Sammler,
ich such' die Farben dieser Welt.
Und wenn noch mehr mit mir
zum Farbensammeln geh'n,
dann wird das Leben weitergeh'n.

27. Erklärung des Symboles

Auf einen Weg sollte man immer etwas mitnehmen. Zum einen etwas zu essen, das können wir Ihnen jetzt nicht bieten, zum anderen ein Symbol. Etwas, das mich daran erinnert, warum und wofür ich unterwegs bin. Wir geben Ihnen einen Farbtopf mit, mit der Aufschrift »Jetzt ist's aber Zeit!« Dies soll keine Drohung sein, sondern die freundliche Aufforderung, den gemeinsam angefangenen Weg weiterzugehen. Wir wünschen Ihnen gute Erfahrungen beim Suchen nach vertrockneten, verwaschenen, alten und neuen Farben.

28. Schlußgebet

»Ausmalen möchte ich mein Leben: Den vielen grauen, oder auch nur ›leeren‹ Bereichen Farbe geben, ganz tief in den Farbtopf greifen, ohne Angst vor zu grellen oder zu intensiven Farbtönen. Einfach drauflosmalen – mein Lebensbild.

Nur ich kann daran malen, andere können mein Bild beeinflussen, doch ich muß es malen – keine noch so helfende Hand darf in mein Bild hineinmalen.

Manchmal, da male ich mit Begeisterung, greife zu, nehme die Farben, die mir das Leben bietet. Doch oft traue ich mir nicht zu, den Pinsel alleine zu führen, oft stehe ich so zaghaft vor der vollen Farbpalette, hilflos, nicht fähig, eine Farbe herauszufinden, die gerade jetzt passen würde.

So bleiben manche Teile meines Lebens leer – schwarz-weiß – grau-in-grau.

Im Vertrauen auf den Gott, der mir immer wieder einen Farbpinsel in die Hand drückt und manchmal auch meine Hand zum richtigen Farbtopf führt, kann ich auch diese ›leeren‹ Zeiten annehmen, sie als mir zugehörig betrachten. Amen.«

(Sonja Specht, S. 2)

Ausblick

Soviel Farbe in einem Gottesdienst, wird sich manch einer von Ihnen denken. Wie schon geschrieben, uns ist nicht das peppige »Bunte« wichtig, sondern die Einladung und damit auch die Chance, die in dieser Fastenzeit liegt. Es gibt vieles auf- und umzuräumen, aber auch neu zu entdecken. Wir wünschen Ihnen viel Spaß, bei der Entdeckungsreise durch Ihren Farbkasten, gute Gedanken, Zeit der Muße und vor allem wichtige »Farberfahrungen«.

Ostermontagsgottesdienst »Unterwegs nach Emmaus«

Einblick

Unterwegs sein heißt, auf der Suche sein oder ein Ziel vor Augen haben. Die zwei Emmausjünger waren auch unterwegs. Sie waren allerdings weder (bewußt) auf der Suche, noch hatten sie ein Ziel vor Augen. Eigentlich war der Grund ihres Aufbruchs ein ganz anderer: Sie haben ihr Ziel, Jesus Christus, aus den Augen verloren. Sie waren sozusagen »am Ende«, und doch am Anfang ihres Weges.

Diese Strecke nach Emmaus wollen wir mit den beiden jetzt gemeinsam erwandern und erleben. Machen wir uns also auf den Weg nach Emmaus, auf den Osterweg, auf den Weg zur Erkenntnis und zum Glauben an die Auferstehung.

Auf einen Blick – Kurzablauf des Gottesdienstes

1. Einzug
2. **Eingangslied**
   Ich bin bei euch. Anhang S. 194
3. **Begrüßung**
4. **Einführung in die Thematik**
   Zwiegespräch zwischen Mensch und Gott
5. **Kyrie-Text**
6. Kyrie-Ruf
   Meine engen Grenzen (Cantate Nr. 3)
7. Gloria-Lied
   Ehre sei Gott in der Höhe (Cantate Nr. 33)
8. **Tagesgebet**
9. **Lesungsanspiel**
   mit integriertem umgedichteten Lied nach: Zwei Jünger gingen voll Not und Zweifel (Troubadour Nr. 16)

10. Gedanken

11. Ruf vor dem Evangelium
    Halleluja (Cantate Nr. 53)
12. Evangelium Lukas 24, 13–35
    Die Begegnung mit dem Auferstandenen auf dem Weg nach Emmaus
13. Lied nach dem Evangelium
    Zwei Jünger gingen voll Not und Zweifel (Troubadour Nr. 16)
14. Glaubensbekenntnis

15. Fürbittgebet

16. Lied zur Gabenbereitung
    Wenn wir das Leben teilen (Effata Nr. 36)

17. Gabengebet

18. Präfation
19. Heilig
    Gen Rosso-Heilig (Troubadour Nr. 178)
20. Hochgebet
21. Vater unser
22. Lied zum Friedensgruß
    Wo Menschen sich vergessen (Cantate Nr. 278)
23. Lamm Gottes
24. Kommunion

25. Danklied (als Ausdruckstanz)
Nähme ich Flügel der Morgenröte. Anhang S. 192

26. Schlußgebet

27. Ausführung aus der Thematik
Zwiegespräch zwischen Mensch und Gott

28. Segen

29. Schlußlied
Komm, steig in das Boot. Anhang S.178

2. Eingangslied

Ich bin bei euch. Anhang S. 194

3. Begrüßung

Priester:

»Wenn alles zu Ende scheint,
gibt es einen neuen Anfang
in Gottes Namen.

Wenn wir stecken bleiben in Traurigkeit und Schmerz,
gibt es einen Ausweg
in Jesu Namen.

Wenn alles im Sand verläuft,
wir uns verloren glauben,
finden wir den rechten Weg
durch den Heiligen Geist.«
(Heinz-Günter Beutler-Lotz)

Mit dieser österlichen Zuversicht beginnen wir diesen Gottesdienst
Im Namen des Vaters und des Sohnes und des Heiligen Geistes.
Amen.

4. Einführung in die Thematik

Zwiegespräch zwischen Mensch und Gott

(Die Person, die Gott spricht, sollte nicht zu sehen sein.)

Person: (Tritt mit einem Telefon unterm Arm auf und wählt »Gottes Nummer«.)

Gott: Ja bitte.

Person: Aber hallo! Ich wollte mich mal beschweren.

Gott: Sie haben doch erst an Weihnachten angerufen.

Person: Ja, ja, aber heute geht es um mehr. Es ist wirklich wichtig! Ich glaube nämlich, Sie haben etwas versäumt.

Gott: Entschuldigung, aber ich weiß nicht, wovon Sie sprechen!

Person: Na, die Sache mit Jesus …

Gott: … ja und, weiter!

Person: Ja, genau das will ich von Ihnen wissen. Sie haben Ihrem Sohn anscheinend das Blaue vom Himmel heruntergelogen. Schließlich ist das Sterben am Kreuz nicht die feine englische Art. Sie haben ihn ja mit der Zuversicht sterben lassen, daß er am dritten Tage aufersteht. Und jetzt… auferstanden ist er nicht. Er ist einfach nur tot!

Gott: Bist du dir sicher, daß du alles mitbekommen hast. Ist dir wirklich nichts entgangen?

Person: Aber bitte. Extra frei genommen habe ich mir, um bei diesem Ereignis dabei zu sein. Ich stand immer in der ersten Reihe. Und jetzt warte ich schon den dritten Tag.

Gott: Ich denke, du hast dich auf die Sache nicht richtig eingelassen. Du warst anscheinend nur oberflächlich dabei. Aber du hast jetzt – wie alle hier – die Möglichkeit, tiefer zu sehen, mehr zu hören, um dann zu begreifen.

Person: (Nimmt das Telefon unter den Arm, bzw. steckt sein Handy ein und tritt grübelnd ab.)

5. Kyrie-Text

Kyrie-Ruf: Meine engen Grenzen (Erste Strophe)

1. Unsere Sicht ist begrenzt. Wir stehen oft mitten im Nebel. Uns fehlt der Weitblick für deine Botschaft.

Kyrie-Ruf: Meine ganze Ohnmacht (Zweite Strophe)

2. Unsere Ohnmacht lähmt uns oft davor, den ersten Schritt zu tun. Von unserem Kreuz gebeugt, schaffen wir es nicht, aufzustehen.

Kyrie-Ruf: Mein verlor'nes Zutrau'n (Dritte Strophe)

3. Unsere Ängstlichkeit hält uns gefangen. Das Vertrauen bleibt auf der Strecke. Ohne Vertrauen in dich können wir unser Herz nicht öffnen.

Kyrie-Ruf: Meine tiefe Sehnsucht (Vierte Strophe)

8. Tagesgebet

Du Gott der Lebenden, wir suchen dich an Orten, die du schon verlassen hast, und sehen dich nicht, selbst wenn du vor uns stehst. Gib, daß wir dich in deiner Fremdheit erkennen und uns nicht an vertrauten Schmerz klammern, sondern frei sind, die Auferstehung zu verkünden, im Namen Jesu Christi. Amen.

9. Lesungsanspiel

mit integriertem umgedichteten Lied nach:
Zwei Jünger gingen voll Not und Zweifel (Troubadour Nr. 16)

Sprecher: Am gleichen Tag waren zwei von den Jüngern auf dem Weg in ein Dorf namens Emmaus, das sechzig Stadien von Jerusalem entfernt war. Sie sprachen über all das, was sich ereignet hatte.

LIED: Zwei Jünger gingen, voll Not und Zweifel, traurig war ihr Gesicht. Der Tod von Jesus war nicht zu verstehen, und weiter wußten sie nicht!

(Die zwei Jünger laufen durch die Kirche und unterhalten sich.)

1. Jünger: Alles war umsonst!

2. Jünger: Pff, Messias ließ er sich nennen. Sauberer Messias!

1. Jünger: Gestorben ist er, einfach so gestorben. Sang- und klanglos.

2. Jünger: Nichts Spektakuläres. Sein Kopf ist einfach herabgesunken, und sein Herz hörte auf zu schlagen, einfach so. Und für sein endgültiges Ende hat dann so ein römischer Offizier gesorgt. Er hat das Herz unseres Meisters mit seinem Schwert durchbohrt. Einfach so.

1. Jünger: Zwei Tage haben wir gewartet, gewartet, daß etwas passiert …

2. Jünger: … und passiert ist nichts. Unsere ganze Hoffnung, unser Glaube an ihn war umsonst. Hast du's nicht auch gehört, wie Pilatus ihn König nannte. Und auch seine Antwort war nicht zu überhören: Ja, du sagst es. Ich bin ein König! Als ich so unterm Kreuz stand, hab' ich mitbekommen, daß so manche behauptet haben, er hätte die Kraft vom Kreuz herabzusteigen. Anscheinend hat ihn seine Kraft in letzter Minute im Stich gelassen.

1. Jünger: Er hätte doch einfach tief Luft holen können, kurz einmal alle Muskeln anspannen und herabsteigen können. Was für ein Triumph das geworden wäre. Und dann hätte er über die gesamte Welt herrschen können, einfach alles ändern, zum Guten hin, offen und sichtbar für alle …

2. Jünger: Aber er hat doch vieles getan, offen und sichtbar für alle:

- den Armen hat er das Himmelreich versprochen
- auf Randgruppen ist er zugegangen
- und die Hochzeit zu Kanaan hat er doch auch in letzter Minute gerettet
- den ewigen Besserwissern hat er die Meinung ins Gesicht gesagt
- fünf Brote und zwei Fische und über 5000 wurden satt
- und sogar mit einer Ehebrecherin hatte er Erbarmen …

LIED: Nach vielen Stunden, kamen sie ins Grübeln, wie soll's jetzt weiter geh'n?
Sie orientierten sich am Leben Jesu, da war doch vieles gescheh'n.

1. Jünger: Dieses Leben hatte es doch in sich. Es hat uns so beeindruckt, daß wir alles stehen und liegen ließen, von zu Hause fortgingen, unseren Beruf aufgaben und ihm folgten.

2. Jünger: Und jetzt, jetzt sind wir arbeitslos und haben kein Dach über dem Kopf. Klasse!

1. Jünger: Ja…, und was machen wir jetzt?
(Die zwei Jünger verlassen grübelnd die Bildfläche.)

Sprecher: Die zwei haben das Beste aus ihrer Situation gemacht. Ihr Ziel war es einerseits wieder Arbeit und eine Wohnung zu finden, andererseits wollten sie das Leben Jesu, seine Lebensphilosophie, anderen Menschen näher bringen. Sie setzten sich zusammen und schrieben alles auf, was sie mit Jesus erlebt hatten und was sie am meisten beeindruckt hat. Sie malten Bilder von Jesus in Postkartenformat. Und dann hängten sie sich einen Bauchladen um, zogen von Dorf zu Dorf und verkauften die »Highlights« aus dem Leben Jesu. Die Menschen waren froh über die Erinnerung, denn ihnen lag der Tod Jesu auch noch auf der Seele.

(Die zwei Jünger laufen mit ihren Bauchläden durch die Kirche und preisen ihre Ware an.)
»Jesu Leben kompakt.«
»Seine Lebensphilosophie – Stütze im Alltag für uns!«
»Höhepunkte im Leben Jesu.«
»Orientieren Sie sich an seinen Reden und Wundern.«
»Die zehn Jesus-Regeln.«

Sprecher: Somit war also allen geholfen. Aber war das wirklich alles? So oder ähnlich hätte es laufen können, wenn Jesus nicht auferstanden wäre bzw. wenn die zwei Emmausjünger nie von der Auferstehung Jesu erfahren hätten.

10. Gedanken

Sprecher: Es gehört nicht viel Phantasie dazu, um sich auszumalen, wie es im Innersten der beiden wohl ausgesehen hat, auf ihrem Rückweg, auf ihrem Rückzug nach Emmaus. Sie sind traurig über den Tod ihres Freundes Jesus. Und sie sind enttäuscht. Sie hatten sich schon alles so schön erträumt mit ihm, ihrem Welterretter. Und jetzt ist er wie ein Verbrecher hingerichtet worden. Ein schöner Freund. Er hat sie sitzen lassen in all ihrem Elend. Sie verstehen die Welt nicht mehr und Gott erst recht nicht. Sie kehren deshalb dem Ort des Geschehens den Rücken und gehen weg von Jerusalem, sie laufen davon.

Jünger 1: Jetzt aber mal halblang. Wir laufen davon, daß ich nicht lache! Wir waren unterwegs, unterwegs nach Emmaus, wir haben uns auf den Weg gemacht. Im Gegensatz zu den Leuten hier. *(Zeigt dabei auf die Gottesdienstbesucher.)* Seid ihr überhaupt schon aufgebrochen? Wie weit seid ihr schon gekommen, auf eurem Weg nach Emmaus! Ihr wollt doch nicht behaupten, ihr wäret schon angekommen?

Sprecher: Es langt! Von Aufbruch, von unterwegs sein, kann bei euch wohl auch nicht die Rede sein, auch wenn es schwer fällt dies zuzugeben. Euer Weg war eine Flucht vor der unausweichlichen Realität, daß Jesus tot ist. *(Die beiden Jünger nicken.)*

Vorhin habt ihr euch in den schönsten Farben ausgemalt, wie es gewesen wäre, wenn er es allen gezeigt hätte, die ihm und euch Schmerz zugefügt haben. Ihr wartet also auf ein äußeres Zeichen, ein Zeichen, mit dem er allen zeigt, daß er der Herr ist. Ihr seid jetzt enttäuscht, daß sich eure Erwartungen nicht erfüllen, daß euere Hoffnungen nicht Wirklichkeit wurden. Eine Enttäuschung ist wie ein Tod in uns, den wir erleiden mit Gefühlen von Ohnmacht, von Wut und Trauer, von Verzweiflung, von Resignation, von Verhärtung. Statt zu warten, was Jesus und sein Vater für Erwartungen an diesen Kreuzestod stellen, was sie daraus machen, habt ihr von ihnen erwartet, daß sie euere Wünsche und Hoffnungen erfüllen, daß alles so wird, wie ihr es sehen wollt. Vielleicht müßt ihr nur mit anderen Augen und mit einem wachen Blick hinschauen. Vielleicht fallen die »Wunder Gottes« nicht so aus, wie ihr es wollt.

Jünger 2: Also gut, vielleicht haben wir uns wirklich zu arg in unsere Erwartungen und Hoffnungen verrannt, aber es ist ja noch gar nichts passiert.

Sprecher: Dinge, die ihr nicht hören wollt, habt ihr schnell wieder vergessen, wie? Ihr habt euch nur daran erinnert, daß dieser römische Offizier durch seinen Lanzenstich Jesus das endgültige Ende versetzt hat. Aber kurz nachdem Jesus gestorben war, sagte dieser: »Wahrhaftig, dieser Mensch war Gottes Sohn.« Nennt ihr das, es ist noch gar nichts passiert? Ist das nichts? Ich denke, in euch ist noch nicht viel passiert. Wo ist euer Glaube?

Der Glaube an das, was Jesus euch versucht hat zu erklären. Er hat doch oft und eindrucksvoll vom Leben nach dem Tod gesprochen. Warum muß erst was passieren, warum könnt ihr nicht einfach glauben?

Jünger 1: O. k., wir sind in Selbstmitleid und Frustration versunken, aber mit der Zeit haben doch auch wir kapiert, daß dies nicht alles sein kann. Wir haben aus dieser fast aussichtslosen Lage doch noch das Beste gemacht, wir haben aus dem GLAUBEN heraus Jesu Leben weiterleben lassen. Ich weiß gar nicht, was du immer hast!

Gemeindemitglied: (Sitzt mit einem Mikrophon zwischen den Gottesdienstbesuchern. Natürlich stammt dieses Gemeindemitglied aus dem Vorbereitungsteam.)

Und was ist mit dem Glauben an die Auferstehung? Es ist traurig, daß ihr nur Postkarten verkauft, dazu brauche ich nicht an Jesus Christus glauben, geschweige denn an seine Auferstehung. Euch fehlt die Erkenntnis der Auferstehung, die den Menschen bewegt, die ihn tanzen und jubeln läßt. Ihr lebt nur in der Vergangenheit, flüchtet euch in Erinnerungen. Das nennt ihr, euch für das Reich Gottes einsetzen. Das kann doch nicht wahr sein!

Jünger 2: Jetzt fängt der nächste zu meckern an. Wer bist denn du eigentlich?

Gemeindemitglied: Ich bin ein Mitglied dieser Gemeinde. Ich will eigentlich nicht meckern, ich möchte euch zwei nur erzählen, was mir gerade so für Gedanken gekommen sind. Wenn wir Ostern, die Auferstehung Jesu, verstehen wollen, müssen wir zurückschauen auf seinen ganzen Weg, seine Lebensgeschichte und seinen Leidensweg. Dieser Weg hat etwas mit mir zu tun! Er betrifft auch meinen und euren Weg.

Wenn ich mir diesen Weg bildlich vorstelle, dann kommen mir einige Fragen:

Wo liegt meine Blindheit? Ich will wieder sehend werden.

Wo bin ich lahm, teilnahmslos, am Rande? Ich möchte wieder vorwärts gehen.

Wo bin ich mißtrauisch und voller falscher Erwartungen? Ich will wieder glauben können.

Wo gibt es die kleinen Kreuzwege in meinem Leben?

Wo gibt es Enttäuschung und Trauer?

Und vor allem:

Wo erlebe ich hier und da einmal eine kleine Auferstehung, einen Neuanfang, ein Highlight, ganz unvermittelt und plötzlich?

Wo und in welchen Menschen und Dingen kann ich Gott begegnen, wenn ich nur die Augen öffne?

Emmaus kann immer und überall sein – es liegt an uns!

Wenn wir uns jeden Mittwoch in der Fastenzeit um 6.00 Uhr zur Frühschicht treffen, dann können wir nach Emmaus kommen.

Wenn wir gemeinsam jedes Jahr unser Pfarrfest gestalten, dann können wir nach Emmaus kommen.

Wenn wir zusammen Gottesdienst feiern, dann kann Emmaus hier sein.

Sprecher: »So ist der Weg nach Emmaus, die Auferstehung Jesu, kein Datum der Vergangenheit, sondern ein lebendiges Fest, ein Fest, das heute lebendig macht. Wo wir Not gemeinsam teilen, wie ihr zwei es getan habt, im Gespräch bleiben, das Leid bewegen, gastfreundschaftlich sind, miteinander essen, das Brot brechen und den Wein trinken, da ereignet sich Ostern mitten unter uns. Wo wir offen bleiben, offen für überraschende Erfahrungen, uns nicht in unseren Enttäuschungen vergraben oder durch unerfüllte Wünsche bitter werden, da ereignet sich Ostern. Da, wo unsere Herzen aufgehen, neu erfüllt werden von Liebe und Hoffnung, wo es uns wie Schuppen von den Augen fällt und wir alles sehen können, so wie es wirklich ist, im Licht der Liebe Gottes, da ist Ostern.« (Heinz-Günter Beutler-Lotz 1992, S. 47)

Na, und ihr zwei habt's ja auch nicht bei der Erkenntnis der Auferstehung belassen, ihr habt ja auch eure Konsequenzen daraus gezogen. Enttäuscht seid ihr von Jerusalem weggegangen; enttäuscht von eurer Täuschung seid ihr wieder dorthin zurückgekehrt. Ihr konntet euch von eurer illusionären Vorstellung trennen und entdecken, was wirklich trägt. Ihr habt den Umweg nach Emmaus gebraucht, um neuen Lebensmut zu schöpfen, genauso, wie wir manchmal Umwege brauchen. Emmaus ist der Ort der Erkenntnis. Emmaus ist aber kein Endpunkt, es ist eine Durchgangsstation auf dem Weg zur Auferstehung. Und Emmaus gibt es nicht nur einmal, Emmaus kann immer und überall sein. Es ist da, wo zwei oder drei in Jesu Namen versammelt sind.

Also, machen wir uns gemeinsam auf den Weg, auf den Weg nach Emmaus!

15. Fürbittgebet

»Guter Gott,
wenn es uns schlecht geht, wenn wir traurig sind,
wenn andere uns weh getan haben,
dann möchten wir am liebsten weglaufen wie die Emmausjünger,
nichts mehr sehen und hören.

Guter Gott,
wenn es uns schlecht geht, wenn wir allein sind,
dann möchten wir am liebsten so tun, als wenn nichts wäre.
Das tut nicht so weh in uns, und die anderen merken vielleicht nichts.

Laß du uns weinen, wenn uns nach weinen zumute ist,
alleine und mit anderen.
Laß du uns schweigen, wenn wir nicht reden können und miteinander in der Stille aushalten.
Laß du uns reden, wenn es aus uns heraussprudelt vor Angst und Freude.

Gib uns den Mut, unsere Gefühle nicht zu verstecken,
sondern offen zu zeigen und mit anderen zu teilen.
Wenn es einem anderen schlecht geht, wenn ein anderer traurig ist, einsam, dann trauern wir mit.
Am liebsten soll er oder sie möglichst schnell wieder aufgemuntert werden und den Kummer vergessen. Aber das tröstet nicht.

Gib uns den Mut, Leid mitzutragen
durch unser Schweigen und Dasein,
durch unser Zuhören und Verstehen.

Guter Gott, sei du uns alle Zeit nah. Amen.«
(Nach Heinz-Günter Beutler-Lotz 1992, S. 48)

17. Gabengebet

Guter Gott, wo sich zwei oder drei um deinen Tisch versammeln, da bist du mitten unter ihnen. Auf unserem Weg hierher bringen wir unseren Alltag mit, unsere Sorgen und Ängste, aber auch unsere Freuden und Schätze. Schenke uns heute eine tiefe Begegnung mit dir, daß es uns wie Schuppen von den Augen fällt, wie lebendig du bist in unserem Leben. Wandle uns selbst, daß wir immer mehr lebendige Glieder deines Leibes werden. Darum bitten wir durch Christus, unseren Herrn und Bruder. Amen.

25. Danklied (als Ausdruckstanz)

Nähme ich Flügel der Morgenröte. Anhang S. 192

(Die 1. Strophe wird von einer Tanzgruppe mit Bewegungen untermalt. Der Ausdruck wird noch intensiver, wenn die Personen einheitlich schwarz gekleidet sind. Optimal wäre eine Tänzeranzahl von 3–7 Personen. Die 2. und 3. Strophe wird gesungen. Dazu gehen die Tänzer in die Hocke. Beim Refrain wird jeweils mit Bewegungen untermalt. Zuletzt wird die 1. Strophe noch einmal wiederholt.)

1. Strophe:

Nähme ich Flügel der Morgenröte	Aus der Hocke aufstehen, Arme dabei seitlich neben dem Körper auf- und abschwingen. *(Flügelschlag)*
und bliebe am äußersten Meer,	Mit beiden Händen vor dem Körper leichte Wellenbewegungen darstellen, die Hände beginnen vor dem Körper und ziehen »Wellen« nach außen.
würde auch dort deine Hand mit mir sein	Rechten Arm waagrecht vor dem Körper ausstrecken. Handfläche zeigt nach oben.
und deine Hände mich halten, Herr.	Linke Hand auf die ausgestreckte rechte Hand legen.
Spräche ich, Finsternis möge mich decken, Nacht statt Licht um mich sein,	Beide Hände waagrecht vor die Augen halten.

wäre auch Finsternis nicht finster bei dir	Beide Hände langsam nach oben führen, dabei die Arme strecken.
und die Nacht leuchtete wie der Sonnenschein.	Mit beiden Armen einen Kreis vor dem Körper in die Luft »malen«. Dabei werden die Hände über die rechte bzw. linke Seite von oben nach unten wieder zusammengeführt. *(Darstellung der Sonne.)*
Refrain:	
Denn Finsternis ist	Beide Hände waagerecht vor die Augen halten.
Licht bei dir	Arme und Hände senken, bis sie seitlich am Körper anliegen
und deshalb dank ich dir dafür.	Arme langsam seitlich nach oben heben. Handflächen zeigen dabei nach oben.
Denn du erforschst mein Herz	Beide Hände auf das Herz legen.
und siehst meinen Sinn.	
Nur du kennst meinen Weg	Einen Schritt nach vorne gehen.
und weißt, wer ich bin.	Einmal um die eigene Achse drehen.

26. Schlußgebet

»Herr, du erforschst mich und kennst mich.
Ob ich sitze oder stehe – du weißt es.
Meine Wünsche und meine Träume – du kennst sie längst.

Ob ich gehe oder ruhe,
mit all meinen Wegen bist du vertraut.
Von allen Seiten umgibst du mich,
legst auf mich deine Hand.

Herr, du hast mich geschaffen,
meinen Willen und mein Gefühl.
Wollte ich auch fliehen, du wärst immer bei mir.

Denn Finsternis ist Licht bei dir,
und deshalb dank' ich dir dafür.
Ich möchte Danke sagen, für dein JA zum Leben.« Amen.
(Nach Heinz-Günter Beutler-Lotz 1992, S. 38 f.)

27. Ausführung aus der Thematik

Zwiegespräch zwischen Mensch und Gott

(Die Person, die Gott spricht, sollte nicht zu sehen sein.)

Person: (Tritt mit dem Telefon unterm Arm auf und wählt Gottes Nummer.)

Gott: Ja bitte!

Person: Hallo, ich bin's noch einmal!

Gott: Was gibt's denn schon wieder?

Person: Ich wollte nur sagen: Ich glaub', ich hab's kapiert. DANKE! *(Legt den Hörer auf die Gabel, bzw. beendet das Gespräch am Handy und tritt ab.)*

29. Schlußlied

Komm, steig in das Boot. Anhang S. 178

Ausblick

Wir hoffen, Sie konnten auch einige wertvolle Wegerfahrungen mit aus diesem Gottesdienst nehmen. Und eine kleine Stärkung für Unterwegs kann bestimmt auch ein jeder gut gebrauchen. Denn Emmaus kann immer und überall sein, und auch wir sind des öfteren auf dem Weg in Richtung Emmaus und zurück. Es bietet sich eine Wegzehrung »verbaler Art« an, sei es der Begrüßungstext, das Fürbittgebet oder das Schlußgebet. Ein Kaugummi könnte noch zum »Durchhaltesymbol« werden, für anstrengende und zähe Wegabschnitte. Um dem Symbolgehalt treu zu bleiben, müßte es ein Kaugummi sein, der nicht so schnell seinen Geschmack verliert. Uns bleibt nur noch eines: Gut kau und gut lauf!

Ostermontagsgottesdienst »Unterwegs zur eigenen Mitte«

Einblick

Wieder einmal machen wir uns mit den zwei Jüngern auf den Weg, auf den Weg nach Emmaus. Aber wo ist dieses Emmaus, was für eine Bedeutung kann dieses Emmaus für die zwei Jünger und für uns haben? Sie glauben, die Mitte ihres Lebens, Jesus, verloren zu haben. Sie wissen nicht mehr, wie es weiter geht.

Manchmal fragen auch wir uns: Wohin sollen wir gehen? Wo ist der richtige Weg? Es gibt so viele Wege, für welchen soll ich mich entscheiden? Auf viele Fragen gibt es auch viele Antworten. Wir wollen uns gemeinsam auf den Weg machen, spürbare Erfahrungen sammeln auf der Reise zur Mitte unseres Lebens.

Auf einen Blick – Kurzablauf des Gottesdienstes

1. Einzug instrumental
   Hallo, Leute, es ist Ostern
   (nach der Melodie von Jacques Offenbach – CD Famous Overtures II Nr. 5, Can Can from »Paris Life«)
2. **Eingangslied**
   Hallo, Leute, es ist Ostern
   (nach der Melodie von Jacques Offenbach – CD Famous Overtures II Nr. 5)
3. **Begrüßung**
   und Einführung in die Thematik
4. **Kyrie-Text**
5. Kyrie-Ruf
   Geh mit uns auf unser'm Weg (Cantate Nr. 253 Refrain)
6. **Tagesgebet**
7. **Lesung(stext)**

8. **Gespräch auf dem Weg I**
9. Lied für Unterwegs
   Straßen unserer Stadt – Streets of London (Music Box Nr. 88 1. Strophe in englisch und deutsch)
10. **Gespräch auf dem Weg II**
11. Erinnerungslied
    Yesterday (Music Box Nr. 42)
12. **Gedanken des Erzählers**
13. Lied instrumental
    Christ ist erstanden (Gotteslob Nr. 213)
14. **Gespräch auf dem Weg III**
15. Erinnerungslied
    Dona, dona (KJG-Songbuch 1, S. 173)
16. **Gespräch auf dem Weg IV**
17. Musikstück instrumental
    während der Malaktion
18. **Fürbitten**
19. Fürbittruf
    Erhöre uns, Herr, hilf uns, Herr (Troubadour Nr. 554)
20. **Lied zur Gabenbereitung**
    Zwei Jünger gingen. Anhang S. 190
21. **Gabengebet**
22. **Präfation**
23. Heilig
    Heilig (Cantate Nr. 74)
24. **Hochgebet**
25. Vater unser
26. **Einleitung zum Friedensgruß**
27. Lied zum Friedensgruß
    Manchmal feiern wir mitten im Tag (Troubadour Nr. 31)
28. Lamm Gottes
29. **»Herzsatz« der Jünger**
30. **Überleitung zum Lied während der Kommunion**
31. **Lied während der Kommunion**
    Lady in Black – Lord in White (KJG-Songbuch 1, S. 190)
32. **Gedanken des Erzählers**

33. Gloria
Ich lobe meinen Gott (Cantate Nr. 34)
34. Mandala-Erklärungs-Aktion
35. Schlußgebet
36. Segen
37. Schlußlied
So gibt euch Gott ein Lebenszeichen. Anhang S. 188
38. Mandala-Mitnehm-Aktion

Durchblick – die TIM (Text-Inhalt-Methode-Erklärungen)

Die »Durchblick-Hilfen« zum Beginn: Oberstes Ziel für diesen Gottesdienst war, die Emmaus-Erzählung harmonisch und sinnvoll in den liturgischen Ablauf der Meßfeier zu integrieren und umgekehrt. Deswegen war es für uns wichtig, daß der Priester die Rolle des Jesus übernimmt. Auch haben wir das Gloria bewußt ans Ende der Meßfeier gestellt, da der Lobpreis der Jünger erst angestimmt werden kann, nachdem ihnen die Augen aufgegangen sind und sie Jesus erkannt haben. Das Evangelium ist im Kurzablauf nicht extra aufgeführt, weil es sich durch den gesamten Gottesdienst zieht und nicht an einem bestimmten Punkt festgenagelt werden kann. Schließlich soll das Evangelium leben und wirken.

Für die »Malaktion« braucht jeder Gottesdienstbesucher einen Stift und eine leere Seite im Liedzettel. Die Bilder von den zwei Jüngern und von Jesus werden vor dem Gottesdienst gut erkennbar auf Din-A2-Blätter gemalt.

2. Eingangslied

Hallo, Leute, es ist Ostern
(nach der Melodie von Jacques Offenbach –
CD Famous Overtures II Nr. 5)
Hallo, Leute, es ist Ostern,
alle sind dabei,

ob mit oder ohne Osterei,
denn es ist Ostern
und mit viel Tamtam
und Information
steigt wieder unser Auferstehungsprogramm,
unser Auferstehungsprogramm!

3. Begrüßung

und Einführung in die Thematik

Ansager: *(Spricht vom Ambo aus.)*

Fast pünktlich um… *(Anfangszeit des Gottesdienstes einsetzen)* Uhr ist es wieder einmal so weit. Sie haben eingeschaltet, um bei uns dabei zu sein, beim »Wort zum Montag«. Und sie werden es nicht bereuen. Heute, am Ostermontag, die SPÄSCHL-EASTERN-SURVIVAL-SENDUNG: informativ, hoppelig, witzig, aber auch meditativ-besinnlich. Wir wollen ja nicht ganz vergessen, daß Ostern (von seinem Ursprung her) ein zutiefst religiöses Fest ist. Deshalb haben wir heute eine Frau in unsere MITTE eingeladen, die uns durch verschiedene Erzählungen etwas von ihrer Osterfreude weitergeben will: Freuen Sie sich also auf eine beeindruckende Stunde mit »… *(Vorname des Erzählers/der Erzählerin)* von und zur Mitte«.

4. Kyrie-Text

Erzähler: (Sitzt auf einem Lehnstuhl, gut sichtbar, auf der Altarinsel.)

Ich möchte Euch allen hier mit meinen Erzählungen und Erfahrungen Mut machen. Mut, Euren Weg, Euren Glaubensweg zu gehen, mit allen Hindernissen und Sackgassen …

Kyrie-Text 1 *(1. Jünger, steht irgendwo in der Kirche und spricht.)*

»Sagt: Wohin? Wohin sollen wir gehen, sagt: Wo ist unser Weg? Es gibt viele Wege, sie laufen kreuz, sie laufen quer. Manchmal bleiben wir einfach stehen und fragen: Wohin sollen wir gehen?« (Das Leben feiern, S. 95)

Kyrie-Ruf

Erzähler: Ich muß losgehen, mich in Bewegung setzen. Die ersten Schritte muß ich selbst tun. Denn nur im Gehen erfüllt sich mein Leben. Ich muß »Unterwegs-sein, auf einem Weg sein, der kein Ziel ist, sondern zum Ziel führt. Unterwegs-sein heißt: mit Überraschungen rechnen, auf Kurven gefaßt sein, Entscheidungen treffen und nicht auf der Strecke bleiben ...« (Das Leben feiern, S. 95)

Kyrie-Text 2 *(2. Jünger, steht irgendwo in der Kirche und spricht.)*
»Es gibt viele Wege: Eine Entscheidung ist gefragt! Wo ist unser Weg? Sagt: Wohin sollen wir gehen? Es gibt viele Wege – und jeder hat ein anderes Ziel. Sagt: Wohin sollen wir gehen?« (Das Leben feiern, S. 95)

Kyrie-Ruf

Erzähler: Es gibt viele Wege. Meine Entscheidung ist gefragt. Ich muß auch einmal das Wagnis eingehen und neue unbekannte Wege ausprobieren. Dazu muß ich meine alten, ausgetretenen Pfade verlassen. Das kostet Kraft und Mut, aber es bringt auch neue Erfahrungen und Überraschungen mit sich auf dem Weg hin zu dir, hin zu mir selbst und hin zu Gott.

Kyrie-Text 3 *(wird von Jesus = Priester gesprochen.)*
Fragt Euch: Wo ist die Mitte in meinem Leben. Wo muß ich entlang gehen, um zu mir selbst zu finden. Wagt die Reise zu Eurem Mittelpunkt und Ihr könnt sicher sein, daß ER mit Euch geht, Euch ein Wegbegleiter sein wird.

Kyrie-Ruf

6. Tagesgebet

Unterwegs-sein heißt: Leben. Der Weg ist Christus. Die Richtung zeigt uns Christus. Er ist DAS lebendige Hinweisschild in und für unser Leben. Er ist mit uns unterwegs. Amen.

7. Lesung(stext)

Erzähler: Unterwegs sein zur Mitte hin, zu meiner Mitte hin und von der Mitte gehalten sein. Dazu fällt mir eine Begebenheit in einem Kloster ein:

»Der Abt eines Klosters wurde von Besuchern gefragt: ›Wie ist es möglich, daß alle Mönche, trotz ihrer verschiedenen Herkunft, Veranlagung und Bildung eine Einheit darstellen?‹ Statt einer theoretischen Erklärung antwortete der Abt mit einem Bild: ›Stellt Euch ein Rad vor. Da sind Felge, Speichen und Nabe. Die Felge ist die umfassende Mauer, die aber nur äußerlich zusammenhält. Von diesem Rand des Rades aber laufen die Speichen in der Mitte zusammen und werden von der Nabe gehalten. Die Speichen sind wir selbst, die einzelnen unserer Gemeinschaft. Die Nabe ist Jesus Christus. Aus dieser Mitte leben wir. Sie hält uns zusammen.‹

Erstaunt schauten die Besucher auf, sie hatten etwas Wichtiges verstanden. Doch der Abt sagte weiter: ›Je mehr sich die Speichen der Mitte nähern, um so näher kommen sie auch selbst zusammen. Ins konkrete Leben übertragen heißt das: Wenn wir uns Christus, der Mitte unserer menschlichen und geistigen Gemeinschaft, wirklich und ganz nähern, kommen wir auch einander näher, nur so können wir miteinander und füreinander und damit auch für andere leben‹.« (Hoffsümmer, W., Kurzgeschichten 3 Nr. 190)

8. Gespräch auf dem Weg I

(Die zwei Jünger laufen während des Gesprächs durch die Kirche.)

Jünger 1: Alles vorbei! Ich kann das immer noch nicht begreifen! Weißt Du noch, wie begeistert wir waren? Wir haben alles stehen und liegen lassen und sind ihm gefolgt. Und jetzt?

Jünger 2: Jetzt sind wir am Ende! Jesus ist gekreuzigt – und mit ihm alles, was uns wichtig war. Alles vorbei! Wir sind ihm wohl umsonst nachgelaufen. Erreicht haben wir jedenfalls gar nichts. Wir haben die Mitte unseres Lebens verloren.

Jünger 1: Wie konnte das nur alles geschehen! Es war doch sicher, daß Jesus der Messias ist. Er hat die Leute begeistert, er war so überzeugend – und was er sagte, das ist wahr! Immer noch!«

ErzählerIn: (murmelt vor sich hin) Sie wissen also noch um ihre Mitte. Schade nur, daß die beiden anscheinend meine Klostergeschichte nicht mitbekommen haben.

Jünger 2: Warum hat Gott das nur zugelassen – diesen schrecklichen Tod. Warum hat er ihn nicht gerettet? Er hat ihn richtig fallen lassen.

Jünger 1: Nicht nur ihn – auch uns! Als seine Anhänger haben wir keine Chance mehr! Ich fühle mich betrogen. Und ich bin maßlos enttäuscht!

ErzählerIn: Wenn ich die beiden so daherschlurfen seh, fällt mir dazu ein Lied aus England ein. Es erzählt von der Traurigkeit der beiden, von ihrem müden Gang und von ihrer Enttäuschung.

9. Lied für Unterwegs

Streets of London

10. Gespräch auf dem Weg II

Jünger 2: Das Schlimmste ist, daß Jesus nicht mehr da ist. Er war der Mittelpunkt unserer Gemeinschaft. An ihm konnten wir uns festhalten. Er hat uns wieder aufgerichtet und Mut gemacht. Ach, wäre es doch noch einmal vorgestern.

Erzähler: »Ja, gestern, genauer noch vorgestern, hatten die beiden keine Sorgen. Ihre Hoffnungen waren noch intakt. Doch heute fühlen sich die beiden wie eine halbe Portion. Ein Schatten liegt über ihrem Leben. Warum das alles? Die Frage bleibt für sie erst einmal unbeantwortet. Gestern, nein vorgestern, schien alles noch ganz leicht. Ach wäre es doch yesterday, gestern, nein vorgestern.« (Bunte Pausen, S. 136)

11. Erinnerungslied

Yesterday

12. Gedanken des Erzählers

Erzähler: Da sind zwei auf dem Weg in ein Dorf namens Emmaus, das sechzig Stadien von Jerusalem entfernt ist. Sie haben an ihn und seine Botschaft geglaubt. Darauf hatten sie ihre Hoffnung gesetzt. Die Hoffnung ist tot, brutal hingerichtet. Ihr Leben ist über Nacht arm geworden, inhaltslos. Es bleibt nur das Fortgehen – die Rückkehr in den früheren Alltag und das, wovon sie sich eigentlich losgesagt hatten. Da sind zwei, die resigniert haben, die sich nicht mehr auskennen, mit der Welt und mit all dem, was in ihnen ist. Die beiden sind so mit ihrer Trauer beschäftigt, daß sie gar keine Zeit haben, zu schauen, wie es IN ihnen ausschaut. Sie verdrängen die Gegenwart, indem sie miteinander über die Vergangenheit reden, über die gemeinsamen Erfahrungen mit »ihrem« Jesus. Sie sprechen miteinander über all das, was sich ereignet hat. Während sie reden und ihre Gedanken austauschen, kommt Jesus hinzu ...

13. Lied instrumental

Christ ist erstanden

(Das Lied wird nur kurz angespielt, dann spricht der Erzähler weiter.)

14. Gespräch auf dem Weg III

Erzähler: ... und geht mit ihnen. Doch die beiden sind wie mit Blindheit geschlagen, so daß sie ihn nicht erkennen. Er fragt sie:

Jesus: Was sind das für Dinge, über die ihr auf eurem Weg miteinander redet?

Erzähler: Da blieben sie traurig stehen. »In ihren Gedanken kehrt das Schreckliche zurück: Ihr Freund, ihr Meister gebunden, er wird zur Schlachtbank geführt wie ein Kalb – wie viele Juden nach ihm auch. Denkt an den Holocaust. In dem Lied ›Dona, dona‹ erzählt ein jüdischer Vater, wie seine zwei Kinder 1942 nach Auschwitz geführt wurden, gebunden wie ein Kalb, wenn es zur Schlachtbank geführt wird. So wie auch Jesus. Nach der Deportation seiner beiden Kinder wurde auch der Vater in ein KZ gebracht und ermordet. Die Worte ›Dona, dona‹ sind eine Verkürzung des jiddischen Adonaj und bedeuten soviel wie ›mein Gott, mein Gott‹.« (Bunte Pausen, S. 137)

15. Erinnerungslied

Dona, dona

16. Gespräch auf dem Weg IV

(Die zwei Jünger sind mit Jesus gemeinsam unterwegs.)

Erzähler: Und der eine von ihnen – er heißt Kleopas – antwortet und spricht zu ihm:

Jünger 1: Bist du so fremd in Jerusalem, daß du als einziger nicht weißt, was in diesen Tagen dort geschehen ist?

Jesus: Was denn?

Jünger 2: Das mit Jesus aus Nazaret. Er war ein Prophet, mächtig in Wort und Tat vor Gott und dem ganzen Volk. Doch unsere Hohenpriester und Führer haben ihn zum Tod verurteilen und ans Kreuz schlagen lassen. Wir aber hatten gehofft, daß er der sei, der Israel erlösen werde. Und dazu ist heute schon der dritte Tag, seitdem das alles geschehen ist.

Jünger1: Aber nicht nur das: Auch einige Frauen aus unserem Kreis haben uns in große Aufregung versetzt. Sie waren in der Frühe beim Grab, fanden aber seinem Leichnam nicht. Als sie zurückkamen, erzählten sie, es seien ihnen Engel erschienen und hätten gesagt, er lebe. Einige von uns gingen dann zum Grab und fanden alles so, wie die Frauen gesagt hatten: Ihn selbst aber fanden sie nicht.

Jesus: Begreift ihr denn nicht? Wie schwer fällt es euch, alles zu glauben, was die Propheten gesagt haben. Mußte nicht der Messias all das erleiden, um so in seine Herrlichkeit zu gelangen?

Erzähler: Und Jesus legt ihnen dar, ausgehend von Mose und den Propheten, was in der gesamten Schrift über ihn geschrieben steht. Und als die beiden Jünger ihn immer noch recht ungläubig anschauen, probiert er es noch auf einem anderen WEG. Er erzählt ihnen folgende Geschichte:

Jesus: »Ein Mann, den man für tot hielt, wurde von seinen Freunden zur Beerdigung getragen. Als der Sarg in das Grab hinabgelassen werden sollte, kam der Mann plötzlich wieder zu sich und schlug gegen den Sargdeckel. Der Sarg wurde geöffnet; der Mann richtete sich auf. ›Was tut ihr?‹ fragte er die versammelte Menge. ›Ich lebe, ich bin nicht tot.‹ Seine Worte stießen auf verblüfftes Schweigen. Schließlich sagte einer der Trauergäste: ›Mein Freund, sowohl die Ärzte wie die Priester haben deinen Tod bescheinigt. Die Fachleute können sich doch wohl nicht täuschen!‹ Also wurde der Sargdeckel wieder zugeschraubt, und der Mann wurde beerdigt, wie es sich gehörte.« (Anthony de Mello, S. 42)

Jünger 2: Das ist ja schrecklich. Warum haben die Menschen so etwas getan? Sie haben doch mit eigenen Augen gesehen und mit eigenen Ohren gehört, daß er lebt.

Jesus: Aber anscheinend fehlten die Beweise. Ein ärztliches Attest und ein Totenschein eines Priesters zählten mehr als die Worte des Betroffenen. Alle hatten sich, so wie es ausschaut, schon damit abgefunden, daß ihr Freund tot ist. Sie wollten nicht begreifen …

Jünger 2: Warum hast du uns gerade diese Geschichte erzählt? Wir würden den Sargdeckel nie wieder zumachen, wenn unser Jesus sagen würde: »Ich lebe!« Uns wäre es egal, wer seinen Tod bescheinigt hat, wir würden an seine »Auferstehung« glauben.

Jesus: Was heißt hier, ihr würdet…? Gehört ihr zwei nicht zu seinen Jüngern?

Jünger 1 und 2: Doch!

Jesus: Und wo liegt dann euer Problem? Selbst ich habe davon gehört, daß der Menschensohn leiden und sterben muß, aber am dritten Tage wiederkommen wird.

Jünger 1: Noch vor vier Tagen saßen wir mit ihm zusammen beim Mahl, und er erzählte uns von seinem Leib und seinem Blut und von dem Weg, den der Menschensohn gehen muß. So ganz geheuer war uns das alles nicht, aber daß die Sache so enden würde, davon war nie die Rede.

Jesus: War wirklich nie die Rede davon?

Jünger 2: Sicherlich! *(zu Jünger 1 hin gesprochen)* Wie oft hat er uns erzählt, daß er vom Vater kommt und zum Vater zurückkehren wird. Er will für uns einen Platz bereiten, uns einen Beistand schicken und uns schließlich zu sich holen.

Jünger 1: (Nickt.) Niemand kommt zum Vater außer durch mich. Wenn ihr mich erkannt habt, werdet ihr auch meinen Vater erkennen. Auch das hat er gesagt. Doch im Moment erkenne ich überhaupt nichts mehr, ich fühle mich einfach verlassen.

Jünger 2: Wir sind Jünger ohne Meister, wir sind Waisenkinder ohne Vater.

Jesus: Komisch, daß Ihr euch so fühlt, denn als Waisen wollte er euch gerade nicht zurücklassen. Die Trauer hat sich auf eure Herzen gelegt. Ihr seid so durcheinander und enttäuscht, daß eure Beziehung zu Jesus und zu Gott anscheinend ganz schön ins Wanken geraten ist. Vielleicht sollten wir einfach einmal innehalten, durchatmen und versuchen, die Beziehung zu Gott zu »enttrauern«, freizulegen von Verzweiflung, Angst und Hoffnungslosigkeit. *(Klopft einem Jünger auf die Schulter.)* Kommt, laßt uns hinsetzen. *(Die drei setzen sich vor dem Altar nieder.)*

Stille

Jünger 1: Echt schwierig. Ich weiß gar nicht, wo ich anfangen soll, meine Gedanken zu ordnen.

Jünger 1: (Stochert mit einem Stecken in der »Erde« herum.)

Jesus: Kleopas, ich glaub', du hast einen besseren Weg gefunden, über unsere Beziehung zu Gott nachzudenken.

Jünger 1: Hmm, wieso ich? Ich stocher' doch bloß mit einem Stecken im Sand herum.

Jesus: Ja, aber gerade das ist der springende Punkt. Es ist oft leichter seine Gedanken zu malen, als sie zu ordnen und in Worte zu fassen. Einen Versuch ist es wert.

Jünger 1 und 2: (Nicken und malen los.)

Jesus: (Malt auch.)

Erzähler: (Spricht während unsere drei Wanderer malen.) Eigentlich keine schlechte Idee. Wie wohl meine Beziehung zu Gott in einem Bild aussieht? Jetzt wird's spannend! Das probier' ich aus! Aber wo soll ich nur anfangen... und mit wem? Gar nicht so einfach! *(Fängt zu malen an.)* Gott sei Dank. Mein Anfang ist geschafft... und Ihre Chance ist zum Greifen nahe. Probieren auch

Sie mit dem Stift und dem Freiraum im Liedzettel Ihren Anfang zu wagen, Ihre Beziehung zu Gott in ein Bild zu bringen. Zeichnen Sie zwei Figuren, von denen die eine Gott, die andere Sie selbst darstellt. Ihrer Phantasie sind keine Grenzen gesetzt. Und... die Ausrede: »Ich kann das nicht!« zählt bei Gott nicht, denn bei und mit Gott ist alles möglich. Probieren Sie einfach Ihr Verhältnis zu Gott durch die Form, die Größe und den Abstand beider Figuren zueinander abzubilden. Es gibt kein richtig und falsch, es entsteht Ihr Bild. Greifen Sie zum Stift. Einen Versuch ist es auf alle Fälle wert.

17. Musikstück instrumental
während der Malaktion

18. Fürbitten

1. *Jünger 1: (Hält sein gemaltes Bild hoch: Gott und Mensch stehen nebeneinander, ohne Berührung.)*
   Allmächtiger Gott *(seufzend)*,
   Du stehst zum Greifen nahe neben mir und bist mir doch so fern. Die Verzweiflung und die Trauer ist noch so groß, daß ich nicht zu mir und somit auch nicht zu dir finden kann.
   Nur durch den Glauben an dich kann ich meine Trauer durchleben und die Verzweiflung abwerfen. Es fehlt mir aber noch der Mut und der Glaube, gemeinsam mit dir an meinem Lebensbild zu malen, es überleben zu lassen.
   Fürbittruf
2. *Jünger 2: (Hält sein gemaltes Bild hoch: Gott nimmt den Menschen an der Hand, er führt ihn.)*
   Wenn ich mir dein Bild und mein Werk so anschaue, dann haben sie viel gemeinsam, aber doch einen wesentlichen Unterschied: Gott nimmt mich an der Hand, er führt mich. Im Malen habe ich gespürt, daß eine Verbindung zu Gott da ist, wie du hier sehen kannst. *(Jünger zeigt auf das Bild, auf die Handfassung der Figuren.)*

Ach Gott, ich danke dir wirklich, daß du mich an der Hand nimmst wie ein Vater seinen Sohn, du führst mich, du zeigst mir den Weg. Wenn ich dich nicht hätte ...
Jesus hat uns damals auch immer an der Hand genommen, doch eigentlich ist er mit uns, unter uns gewesen, er hat uns nicht einfach blind geführt. Mit ihm waren wir eigenständig und doch nicht allein. Durch den Glauben an ihn sind wir auch jetzt eigenständig und doch nicht allein. Warum vergessen wir das nur allzu oft...?
Fürbittruf

3. *Jünger 2: (spricht Jesus an)*
Du sagst ja gar nichts, was hast du eigentlich gemalt?
(Jesus zeigt ihnen sein Bild – die Jünger betrachten es aufmerksam und verwundert.)
Warum hast du Gott so riesig gemalt - stehst du vor Gott - umgibt er dich ganz?
Jesus: Nein, eigentlich sehe ich meine Beziehung zu Gott etwas anders, und ich habe versucht, dies auch ins Bild umzusetzen: Gott ist diese kleine Figur hier in mir *(zeigt auf die Figur, umfährt sie mit dem Finger – zögert etwas bevor er weiterredet).*
... aber du hast recht, eigentlich könnte man auch sagen, daß ICH in Gott bin, das Bild kann nicht einfach so festgelegt werden - versteht ihr, was ich meine?
Jünger 1 und 2: (ungläubiges Nicken)
Jesus: Beim Malen dieses Bildes habe ich immer an die Worte Jesu: »Ich bin in meinem Vater, ihr seid in mir und ich bin in euch«, *(langsam sprechen)* denken müssen.
Gott und Mensch gehören hier in Einheit zusammen. Der Weg zu meiner eigenen Seele, zur Mitte ist der Weg zu Gott. Sich selbst finden und Gott finden ist eins.
Nur wie oft machen wir uns auf die Suche nach Gott, zur Mitte unseres Lebens...?
Fürbittruf

4. *Erzähler:* Hm, wirklich beeindruckend... Die Bilder der drei drücken je auf ihre eigene Art ihr persönliches Verhältnis zu Gott aus. Ich hätte mich auch gerne ins Malen vertieft, aber ich konnte nicht abschalten, keine innere Ruhe finden... Schade!

Um zu Gott zu kommen, brauche ich Stille...
Ja, Stille ist es, die uns allzu oft fehlt auf dem Weg zur Mitte, auf dem Weg zu Gott.
Fürbittruf

5. *Gemeindeglied: (Wurde vom Vorbereitungsteam auf die Rolle vorbereitet.)*
... nur als Anregung für's nächste Mal: Der Platz auf dem Liedzettel war für diese Aufgabe einfach zu klein.
Mit der Stille hatte ich kein Problem, aber mit der Anzahl der Figuren, die ich auf das Papier bringen sollte. Nur zwei Figuren zu zeichnen erschien mir irgendwie zu wenig. Meine Beziehung zu Gott hat für mich immer mit anderen Menschen zu tun. Wenn ich Gott finden will, dann genügt es nicht in meiner Mitte zu verharren, ich muß aus der Mitte heraus mit den Menschen leben. Auf meinem Bild sind neben mir noch viele Menschen zu sehen, sie alle sind umgeben und gehalten vom Geist Gottes. Meine Beziehung zu Gott wird in der Beziehung zu diesen Menschen sichtbar.
... nur leider viel zu selten!
Fürbittruf

Jünger 1+2, Jesus: (Machen sich auf den Weg, nehmen Jesus in ihre Mitte und lassen ihn, als er allein weitergehen will, nicht fortgehen.)

Erzähler: Nach kurzer Wegstrecke erreichen die Jünger das Dorf, zu dem sie unterwegs waren. Ihr Weggefährte tut, als wolle er weitergehen, aber sie drängen ihn und sagen:

20. Lied zur Gabenbereitung

Zwei Jünger gingen. Anhang S. 190

(Das Lied sollte mit dem Refrain beginnen, da dieser den Wunsch der Emmausjünger beinhaltet: Bleibe bei uns.... Während des Liedes geht Jesus = Priester mit den Jüngern zum Altar. Die Gabenbereitung beginnt wie bei jeder Eucharistiefeier. Die beiden Emmausjünger übernehmen den Altardienst der Ministranten und stehen rechts und links von »Jesus«.)

21. Gabengebet

Gott, unser Vater, nimm mit den Gaben von Brot und Wein auch uns selber an. Wie die Emmausjünger auf ihrem Weg eine Ahnung von der Auferstehung bekamen, so laß auch uns immer wieder Gottes Nähe zu den Menschen erkennen. Darum bitten wir dich. Amen.

22. Präfation

Priester:

Der Herr sei mit euch.	Alle: Und mit deinem Geiste.
Erhebet die Herzen.	Alle: Wir haben sie beim Herrn.
Lasset uns danken dem Herren, unseren Gott.	Alle: Das ist würdig und recht.

Kommunionhelfer: Wir danken dir, Gott und Vater. Denn wie du dein Volk Israel nie verlassen hast, so bist du auch heute mit uns auf dem Weg. Als dein Volk durch das Rote Meer gezogen ist und von den Ägyptern verfolgt wurde, hast du es begleitet und beschützt. Auch die Jünger auf dem Weg nach Emmaus hast du in ihrer Enttäuschung und Trauer nicht allein gelassen. Wie du bei deiner Kirche warst, in den letzten 2000 Jahren, so bist du jetzt auch mit uns unterwegs. Immer wieder läßt du uns spüren, daß du da bist. In jedem Menschen, in der Natur und in der gesamten Schöpfung.

Dafür danken wir dir und singen dir jetzt unser Lob.

24. Hochgebet

(Vom Priester werden nur die Einsetzungsworte gesprochen, genauso wie es Jesus bei den Emmausjüngern getan hat. Der übrige Text des »Emmaushochgebetes« wird von den Jüngern gesprochen.)

Jünger 1:

Immer wieder brechen wir auf,
kommen trostlos zurück
vom Friedhof einer begrabenen Hoffnung.

Und jedesmal mehr
haben wir ein Stück von uns selbst begraben
und meinen: Jetzt ist alles aus!

Jünger 2:
Immer wieder gesellt sich auf diesem Kreuzweg
unerwartet einer zu uns,
geht ein Stück mit auf der Straße des Lebens.
Sagt nicht nur »Herzliches Beileid«,
sondern nimmt unsere Hand,
bringt uns zum Sprechen,
taut langsam auf.

Jünger 1:
Immer wieder trifft uns ein Wort,
macht uns betroffen.
Läßt uns erfahren: Ich bin gemeint.
Und wir erahnen im Rückblick den Sinn,
den roten Faden der Führung in unserem Leben,
weil da ein Fremder zu deuten versteht:
»Mußte nicht der Messias dies alles erleiden ...«
»Kann es nicht sein, daß auch du ...«

Jünger 2:
Immer wieder, wenn die Sonne sich senkt,
geht uns ein Licht auf:
Freunde zusammen am Tisch,
am Altar, am Stammtisch, im Urlaub.
Gespräche. Erinnerungen. Spürbare Nähe.
Wir fühlen uns wohl und geborgen
mindestens jetzt, für diese Stunde.
Das Leben ist schön, trotz allem.
Dankbarkeit keimt in uns auf für alles Geschenkte
und ein Anflug von Hoffnung für Morgen.

Jünger 1:
Immer wieder erfahren wir:
Wenn wir uns auf den Weg zur Mitte machen,
in uns gehen, um zu Gott zu kommen,
dann können wir reifen
und über uns selbst hinauswachsen.
Wir spüren, daß in all dem noch ein »Mehr« liegt,
das wir nicht ausdrücken können.
Vielleicht ist tatsächlich ER es, der Herr.
Und wir versuchen zu beten:
»Herr, bleibe bei uns!«

Jünger 2:
Dann erinnern wir uns an Jesus,
erinnern uns an den Abend vor seinem Tod,
an dem er das Brot nahm und Gott dankte.
Er brach es, reichte es seinen Jüngern und sprach:
(J. Hermann Coenen, S. 76 f.)

Jesus:
NEHMT UND ESSET ALLE DAVON:
DAS IST MEIN LEIB,
DER FÜR EUCH HINGEGEBEN WIRD.

Jünger 1:
Ebenso nahm er nach dem Mahl den Kelch,
dankte wiederum, reichte ihn seinen Jüngern und sprach:

Jesus:
NEHMET UND TRINKET ALLE DARAUS:
DAS IST DER KELCH
DES NEUEN UND EWIGEN BUNDES.
MEIN BLUT, DAS FÜR EUCH
UND FÜR ALLE VERGOSSEN WIRD
ZUR VERGEBUNG DER SÜNDEN.
TUT DIES ZU MEINEM GEDÄCHTNIS.

ErzählerIn:
Da gingen ihnen die Augen auf , und sie erkannten ihn.

Priester:
Geheimnis des Glaubens:

Alle:
Deinen Tod, o Herr, verkünden wir,
und deine Auferstehung preisen wir,
bis du kommst in Herrlichkeit.

(Wird von allen am Altar gesprochen:
»Jesus«, Jünger 1 und 2, Kommunionhelfer):
Durch ihn und mit ihm und in ihm
ist dir, Gott, allmächtigem Vater,
in der Einheit des Heiligen Geistes
alle Herrlichkeit und Ehre
jetzt und in Ewigkeit.
Alle: Amen

26. Einleitung zum Friedensgruß
Ich bin unterwegs zu meiner Mitte.
Der andere ist unterwegs zu seiner Mitte.
Doch kann ich alleine zur Mitte, zu Gott finden?
Wir können gemeinsam unterwegs sein,
einen Weg gehen,
DEN Weg Jesu gehen.
Er ist mit uns unterwegs.
Nur im Gehen – miteinander und zueinander – zeigt er sich uns.

29. »Herzsatz« der Jünger
Jünger 1: Brannte uns nicht das Herz in der Brust, als er unterwegs mit uns redete und uns den Sinn der Schrift erschloß?

30. Überleitung zum Lied während der Kommunion

Erzähler: Auch in dem Lied, das wir jetzt hören, geht es um eine Begegnung, bei der Herzen in Brand geraten. »Einst hieß das Lied ›Lady in Black‹ und erzählte von der Begegnung mit einer geheimnisvollen Frau in Schwarz, die tröstet und rät, wenn Menschen zu verzweifeln drohten. Jetzt erzählt das Lied von dem ›Lord in White‹, der tröstet und neuen Mut macht.« (Bunte Pausen, S. 140)

31. Lied während der Kommunion

Lord in White

(Anstelle »Lady in Black« wird »Lord in White« gesungen. Das Lied beginnt dann: »He came to me ...)

32. Gedanken des Erzählers

(Nach dem Altardienst machen sich die beiden Jünger auf den Weg nach Jerusalem.)

Erzähler: Die beiden Jünger brechen auf und kehren nach Jerusalem zurück, und sie finden die anderen Jünger versammelt. Diese berichten leidenschaftlich von ihrer Begegnung mit dem Auferstandenen. Da erzählen auch sie, was sie unterwegs erlebt und wie sie ihn erkannt haben, als er das Brot brach. Mit Jesu Hilfe haben sie die Trauer durchschritten, die Ketten der Angst und Hoffnungslosigkeit um ihre Herzen gesprengt und die Umkehr hin zu einem Leben in Fülle gewagt. Singend und tanzend geben sie ihrer Freude Ausdruck und loben den Herrn:

33. Gloria

Ich lobe meinen Gott (Cantate Nr. 34)

34. Mandala-Erklärungs-Aktion

Jünger 1: (Ein Jünger spricht die Gottesdienstbesucher direkt an.)
Der Weg, den ich heute gehen mußte, gleicht einem Labyrinth. Der

Weg führte nicht direkt zur Mitte. Oft mußte ich umkehren, wieder von neuem beginnen. Oft war ich der Mitte ganz nahe, mußte aber wieder nach außen gehen. Es hat Zeit gebraucht, bis ich in der Mitte angekommen bin, denn der längste Weg führte mich hinein. Dabei geholfen hat mir das Malen.

Jünger 2: Mir ging es oft genauso wie dir. Unser Weg nach Emmaus verlief ziemlich chaotisch. Wir wußten zwar, wo wir hin wollten, aber unser Ziel kannten wir eigentlich nicht. Wir waren nicht zu unserer Mitte unterwegs, wir rannten vor ihr davon, wir haben den Blick auf sie verloren. Wir haben unsere Seele, unsere Mitte, zugeschüttet mit all unserer Trauer und Verzweiflung. Und beeindruckend war, wie Jesus diesen »Müllplatz auf unserer Seele« behutsam weggeräumt hat, das Wesentliche wieder freigelegt hat. Er hat es geschafft, mit seinen Ideen, seinen Geschichten, wieder eine Orientierung, eine Richtung in unser Leben zu bringen. Er war und ist für uns Wegweiser, Kompaß, Landkarte... Jesus als Landkarte, auf der mein Weg verläuft, auf der ich meinen Weg einzeichnen darf...

Erzähler: Dieser bildhafte Vergleich gefällt mir. Der Weg nach Emmaus hat es wirklich in sich. Obwohl ich ihn gar nicht selbst gehen mußte, hat ER mich MITGENOMMEN. Und das Malen hat mich auch begeistert, auch wenn ich nicht so recht zur Ruhe kommen konnte. Es ist ganz schön schwierig, die Beziehung zu Gott auszudrücken. Aber mir ist während unserer Emmauswanderung noch eine Idee gekommen, sozusagen ein »Hilfsmittel« auf unserem Weg zur Mitte:

MANDALAS!

»Mandalas sind uralte Zeichen der Meditation, des stillen, inneren Betrachtens. Alles dreht sich um die Mitte, nach innen, wie man an diesen zwei Mandalas gut erkennen kann. *(Zwei ausgemalte Mandalas hängen am Altar.)* Um die Mitte sind Figuren und Kreise geordnet. Die Mandalas bewegen sich auch nach außen, aber immer von der inneren Kraft der Mitte aus.« (Hans und Marie-Therese Kuhn-Schädler, S. 35) Sie sind ein bildhafter Vergleich für unsere zwei Emmausjünger. Mandalas kann man ausmalen oder auch nur betrachten. Still werden und sie in sich aufnehmen. Ein Mandala gleicht einer Entdeckungsreise. Und unsere zwei Jünger waren auf einer Entdeckungsreise, sie waren unterwegs mit »ihrem« lebendigen Mandala, mit Jesus Christus. Wenn wir das Leben als Suchbewegung nach dem Wesentlichen verstehen und dieses Wesentliche im Alltag immer wieder entdecken möchten, dann kann ein Mandala eine Landkarte dieser Suchbewegung sein. Es ist die Landkarte der Seele, des Geistes und des Leibes. Jesus hat diesem Suchprozeß eine einfache und gradlinige Orientierung gegeben: »Wer sucht, der findet.« Dieses nimmt das Mandala in seinem Wesen auf. Deshalb finden Suchende in einem Labyrinth nicht nur einen Weg, sondern auch eine Antwort – das Ziel, die Mitte, Gott! Vielleicht haben Sie jetzt auch Lust bekommen, sich auf eine Mandala-Entdeckungsreise zu begeben. Nehmen Sie den Stift später einfach mit, und greifen Sie zu, wenn ihnen am Ende des Gottesdienstes ein Mandala mit auf den Weg gegeben wird. Ich wünsch' Ihnen österliche Erfahrungen auf Ihrer Reise zur Mitte.

35. Schlußgebet

»Wer geht,
findet seinen Weg.
Die Straße des Lebens:
Trampelpfad alltäglicher Routine?
Schleichweg mittelmäßiger Kleinkariertheit?
Sackgasse ständigen Versagens?
Labyrinth letzter Ausweglosigkeit?
Auf dem Weg sein,
immer unterwegs sein,
gangbare Wege suchen,
neue Wege gehen
und umkehren können,
wenn man sich verrannt hat.
Weggefährten suchen,
Menschen, die ein Stück mitgehen.
Und Gott an seiner Seite wissen.«
(Schaube, Werner, S. 76)

Den ersten Schritt sind wir heute gemeinsam gegangen.
So laßt uns im Namen Jesu die nächsten Schritte tun. Amen.

37. Schlußlied

So gibt euch Gott ein Lebenszeichen. Anhang S.188

38. Mandala-Mitnehm-Aktion

Jeder Gottesdienstbesucher bekommt beim verlassen der Kirche ein Faltblatt mit auf den Weg, auf dem folgende Texte mit dem dazugehörigen Mandala abgedruckt sind. Beim Lesen der Texte und beim Ausmalen der Mandalas hat so jeder die Möglichkeit, Elemente aus dem Gottesdienst in Gedanken wieder aufleben zu lassen.

Es wäre auch sinnvoll in diesem Faltblatt noch einmal kurz zu erklären, was man unter einem Mandala versteht.

Meditationstext zu den Mandalas:
»Ich bin der Weg –
Eine lange Geschichte,
mit einem Mandala kurz erzählt.

Am Anfang war Jesus. Er war die Mitte.
Seine Freunde und Freundinnen folgten ihm,
richteten sich an seiner Mitte aus.

Dann ward es Abend. Das Gewohnte zerbrach über Nacht.
Karfreitag. Alle wurden auf sich geworfen.
Sie rangen um ihre eigene Mitte. Sie verschlossen sich in
sich selbst und berührten sich doch.

Es wurde Morgen, Ostermorgen, Hoffnung keimte auf.
Die gemeinsame Mitte entfaltete sich neu.
Sie übernahmen die Verantwortung für sich.
So entdeckten sie die Mitte des Lebens und ihre eigene Mitte.
Sie feierten Auferstehung und waren doch voller Angst.

Sie rückten aneinander, vertrauten einander, teilten miteinander.
Gemeinsam trugen sie Früchte,
pflegten ihre Gemeinschaft mit Brot und Wein,
entfalteten sich, berührten sich,
ergänzten sich, überlappten sich,
verbanden sich miteinander und blühten auf.

Der Tag kam überraschend. Sie durchbrachen die Grenzen,
die Kraft floß, der Geist durchatmete sie, die Absperrungen fielen.
Sie wurden lebendig und strömten nach außen.
Sie fanden eine Sprache, überwanden Armut und Reichtum.
Es war der Anfang vom Ende der Turmbauten von Babel,
New York, Tokio, Frankfurt …

Und der Kosmos verbeugte sich vor der Mitte des Lebens.«
(Gerda und Rüdiger Maschwitz,, S.51f.)

Ausblick

Jesus ist der Mittelpunkt in unserem Leben. Er hat auf dem Weg nach Emmaus vermittelt, und die beiden Jünger behutsam an seine Auferstehung und an den Glauben zurückgeführt. Mit den Erfahrungen aus diesem Gottesdienst können auch wir wieder verstärkt als Vermittler auftreten und Menschen begleiten, auf ihrem Weg zur Mitte des Lebens. Durch Gespräche, durch das gemeinsame Unterwegssein und durch gemeinsame Stärkungen kann sich viel bewegen, können totgeglaubte Denkstrukturen wieder aufbrechen.

Und wenn wir manchmal vor lauter Hektik ins Stolpern geraten, dann dürfen wir eines nicht vergessen: In der Ruhe liegt die Kraft. Einfach hinsetzen, ausruhen und Kraft tanken. Die zurückgelegte Strecke noch einmal anschauen, mit all' ihren Windungen und Ecken und in die Zukunft blicken, sich den Weg, der vor einem liegt, schon in Gedanken ausmalen.

Wir wünschen Ihnen farbenfrohe Mandala-Erfahrungen auf Ihrem Weg zur Mitte.

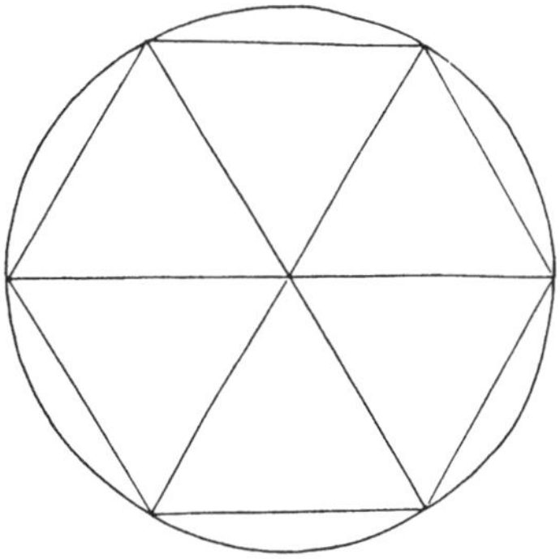

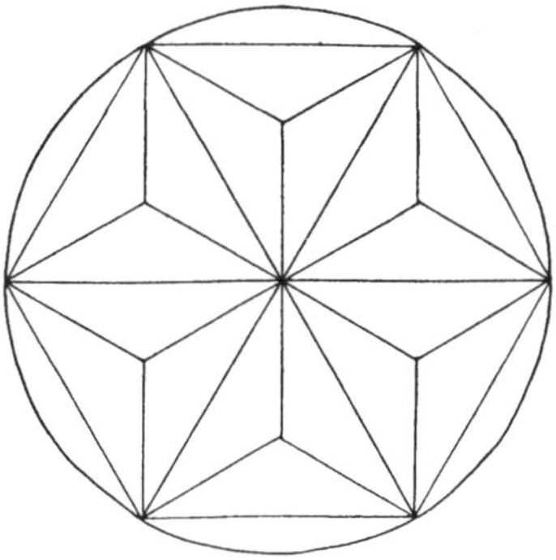

Musik: Bernward Hoffmann, Markt Schwaben
Text: Norbert Weidinger, München
Rechte bei den Autoren

2. Kein Jota soll verlorengeh'n, kein Alef und kein Bet!
Doch suchen wir zuerst den Geist, der hinter allem steht.

3. Die Sätze für sich ganz allein, sie leben nicht, sind tot.
Doch wer das Herz uns brennen läßt, ist Jesu Geist, ist Gott.

4. Wir buchstabieren Stück für Stück sein Wort in unsere Zeit,
in Feiern, Bildern, Tanz und Spiel, sein Geist gibt uns Geleit.

5. Und wir entdecken seine Spur in dem, was jeder tut.
Im Schwachen zeigt sich Gottes Kraft,
dem Kleinen schenkt er Mut.

Text und Melodie: Konrad Bönig, Leidersbach

Aus: Lied der Hoffnung 3, Nr.155

Text: Jürgen Werth
Melodie: Johannes Nitsch
Rechte: Hänssler-Verlag, Neuhausen-Stuttgart

B
Kuß. So ist Ver - söh - nung, so muß der
sicht.
Licht.
wah - re Frie - de sein. So ist Ver - söh - nung.
1.
So ist Ver - ge - ben und Ver - zeihn. So ist Ver
2.
2. Wie ein
3. Wie ein

Das Kinder-Halleluja

Text: Rolf Krenzer, Melodie: Peter Janssens
Aus: Für das Leben wollen wir singen, 1987.

2. Für die Sterne woll'n wir singen.
Singt mit uns das Sternenlied.
Hoch am Himmel in der Ferne
leuchten nachts für uns die Sterne.
Gott will, daß es so geschieht.
Darum singen wir, halleluja,
darum singen wir, halleluja,
dir zum Dank das Sternenlied.

3. Für den Wind, da woll'n wir singen.
Singt mit uns dem Wind ein Lied!
Wir sind stets von Luft umgeben.
Luft zum Atmen, Luft zum Leben.
Gott will, daß es so geschieht.
Wind und Luft sind unser Bruder.
Darum singen wir, halleluja,
darum singen wir halleluja,
dir zum Dank dem Wind ein Lied.

Refrain:
Alles muß klein beginnen,
laß etwas Zeit verrinnen.
Es muß nur Kraft gewinnen,
und endlich ist es groß.

Schau nur dieses Körnchen, ach man sieht es kaum,
gleicht bald einem Grashalm. Später wird's ein Baum.
Und nach vielen Jahren, wenn ich Rentner bin,
spendet er mir Schatten, singt die Amsel drin:

Refrain

Schau die feine Quelle zwischen Moos und Stein,
sammelt sich im Tale, um ein Bach zu sein.
Wird zum Fluß anschwellen, fließt zur Ostsee hin,
braust dort ganz gewaltig, singt das Fischlein drin:

Refrain

Schau die leichte Flocke, wie sie tanzt und fliegt
bis zu einem Ästchen, das unterm Schnee sich biegt.
Landet da die Flocke und durch ihr Gewicht,
bricht der Ast herunter und der Rabe spricht:

Refrain

Manchmal denk ich traurig: Ich bin viel zu klein!
Kann ja doch nichts machen! Und dann fällt mir ein:
Erst einmal beginnen. Hab ich das geschafft,
nur nicht mutlos werden, dann wächst auch die Kraft.

Und dann seh ich staunend: Ich bin nicht allein.
Viele Kleine, Schwache stimmen mit mir ein:

Refrain

Text: Roland Breitenbach
Musik: Reimund Maier
Aus: Troubadour für Gott

2. Ich träume einen Traum: ein Kind ist geboren, der Friede ist da.
Die Blinden, die sehen! Die Lahmen, die gehen!
Der Kranke wird gesund!
Wann schlägt die Stund, wann schlägt die Stund?

3. Ich träume einen Traum: Ein Kind ist geboren, der Friede ist da.
Haß wird zur Liebe!
Ein Baumstumpf hat Triebe mit herrlichem Grün!
Wann wird er blühn, wann wird er blühn?

4. Ich träume einen Traum: ein Kind ist geboren, der Friede ist da.
Eine neue Stadt seinen Namen hat: Utopia!
Wann sind wir da, wann sind wir da?

Text: Alois Albrecht
Musik: Ludger Edelkötter
Rechte: Impuls-Musikverlag

2. So gibt uns Gott ein Hoffnungszeichen,
ein Zeichen, daß er lebt,
und daß wir hoffen dürfen,
ein Zeichen, das uns löst aus der Macht der Bosheit
und uns der Liebe wieder schenkt,
und uns der Liebe schenkt.

3. So gibt uns Gott ein Zukunftszeichen,
ein Zeichen, daß er lebt,
und daß wir Zukunft haben,
ein Zeichen, das uns löst aus der List der Schlange
und uns der Zukunft wieder schenkt,
und uns der Zukunft schenkt.

Text und Melodie: Helga Poppe

2. Herr, deine Wege, die du mich leitest,
kann ich oft nicht verstehn.
Doch weil du mitgehst, und um das Ziel weißt,
will ich sie gerne mit dir gehn.

3. Was uns dein Wort sagt, ist doch klar und deutlich,
täglich sprichst du zu mir.
Doch all mein Reden, mein Tun, mein Denken,
zeigt herzlich wenig von dir.

4. Doch weil wir dein sind mit Leib und Leben,
komme was immer mag:
Wir mögen fallen, in Nacht verzagen,
bei dir ist Hilfe und Tag.

5. Viel Jünger gehen, voll Not und Zweifel,
traurig ist ihr Gesicht.
Doch da kommt Jesus und spricht mit ihnen,
und um sie leuchtet sein Licht.

Text und Melodie: Quelle unbekannt.

2. Ob ich sitze oder ob ich stehe, du siehst meinen Tageslauf.
Du kennst die Tat, die kein Mensch wissen darf,
darum weckst du mein Gewissen auf.
Wo ich schweige und was ich sage,
nur du allein weißt den Grund.
Du kennst mein Herz, das so böse ist.
Trotzdem machst du mich gesund.

3. Wollte ich fliehen, du wärst bei mir.
Doch begreifen kann ich das nicht.
Ob in dem Himmel oder im tiefen Meer –
überall ist dein Gesicht.
Ob ich lebe oder ob ich sterbe, du bist ja immer gleich.
Und dein Geist, der macht mich bereit,
hinzuziehen in dein Reich.

Text und Musik: Wilfried Röhrig
Aus: »Treffpunkt Leben«. Rechte beim Autor.

2. Wie die Rose auch Dornen trägt,
ist die Kirche von Sünde und Schwachheit geprägt.
Und doch lebe ICH in ihr fort.
Ruft die Menschen zum Vater und an jedem Ort
gebet Zeugnis, kündet MEIN Wort
MEIN Ruf gilt stets neu: Seid Licht …

3. MEINE Mutter lebte für MICH,
sie ging mit auf dem Weg, ließ MICH niemals im Stich.
Unterm Kreuz sie treu zu MIR stand.
ICH gab sie euch zur Mutter als einendes Band.
Und so kommt, ergreift ihr Hand.
Der Weg geht mir ihr: Seid Licht …

Literaturverzeichnis

Bergengruen, Werner: Ballade vom Wind. Aus »Gestern fuhr ich Fischefangen« © 1992 by Arche Verelag AG, Raabe + Vitali, Zürich.

Betz, Otto: Elementare Symbole. Zur tieferen Wahrnehmung des Lebens. Freiburg im Breisgau: Herder 1987.

Beutler-Lotz, Heinz-Günter: Mit Herzen, Mund und Händen – Familiengottesdienste durch das Kirchenjahr. Düsseldorf: Patmos 1992.

Biemer, Günter; Tzscheetzsch, Werner: Wagnisse – Ein Lebensbuch für junge Leute. 2. Aufl. Freiburg im Breisgau: Herder 1984.

Biemer, Günter; Tzscheetzsch, Werner: Wandlungen – An junge Leute. Freiburg im Breisgau: Herder 1987.

Cantate: Vom Leben singen mit Leidenschaft. Nürnberg: Cantabo 1992.

Cochlovius, Pfr. Dr. Joachim (Hrsg.): Sein Ruhm, unsere Freude – Notenbuch. Krelingen 37, 29664 Walsrode, 1986.

Coenen, J. Hermann: Die Botschaft heute – Hochgebete mit anderen Worten. Aachen: Bergmoser + Höller.

Der König der Löwen: Film Soundtrack – Deutsche Originalversion CD. Hamburg: Polydor GmbH 1994.

Der König der Löwen: Walt Disney Nr. 46..A-1120 Wien: Ehapa Verlag GmbH, Im Riedenberg 54, 1994.

Die Bibel: Einheitsübersetzung der Heiligen Schrift. Gesamtausgabe. Stuttgart: Katholische Bibelanstalt 1980.

Effata: (Hrsg.): Bischöfl. Jugendamt Passau. Neue religiöse Lieder. Passau: Passavia 1990.

Erdentöne – Himmelsklang: (Hrsg.): Diözese Rottenburg-Stuttgart. Neue geistliche Lieder. Ostfildern: Schwaben AG 1995.

Famous Overtures II: Offenbach u. a. CD. Holland: Countdown Music 1994.

Farben für den Winter (Role Kalkbrenner, Margetshöchheim; CD Jonathan & Laurent – Moment mal Nr. 3 und Heilhut Semmeldroll – Farben für den Winter' Nr. 4; beide Tonträger zu beziehen bei Jonathan Böttcher, Oberlaudenbacherstr. 49, 64646 Heppenheim)

Gauer, Jürgen: Er führt mich hinaus ins Weite. Neue Schulgottesdienste für die Sekundarstufe I. Düsseldorf: Patmos 1989.

Gotteslob: (Hrsg.): von den Bischöfen Deutschlands und Österreichs und der Bistümer Bozen-Brixen und Lüttich. Katholisches Gebet- und Gesangbuch. Eichstätt: Brönner & Daentler KG 1992.

Hasler, Eveline; Bhend, Käthi: Im Traum kann ich fliegen. Ravensburg: Buchverlag Otto Maier GmbH 1988.

Heizmann, Klaus (Hrsg.): Singt mit uns. Neuhausen-Stuttgart: Hänssler 1987.

Hoffsümmer, Willi: Kurzgeschichten 3 – 244 Kurzgeschichten für Gottesdienst, Schule und Gruppe. 4. Aufl. Mainz: Matthias-Grünewald 1990.

Hoffsümmer, Willi: Kurzgeschichten 4 – 233 Kurzgeschichten für Gottesdienst, Schule und Gruppe. Mainz: Matthias-Grünewald 1991.

Josef. Notenausgabe zur Schallplatte. Vgl. unter Nitsch, Johannes

Kath. Junge Gemeinde (Hrsg.): KJG Songbuch 1. 9. Aufl. Düsseldorf: KJG Verlag GmbH 1992.

Kath. Junge Gemeinde (Hrsg.): KJG Songbuch 3. 2. Aufl. Düsseldorf: KJG Verlag GmbH 1990.

Kiesel, Helga; Klinke, Raimund (Hrsg.): Elemente – Stundenbuch für junge Leute. 2. Aufl. Würzburg: SchülerInnen-Referat 1994.

Klein, Richard Rudolf: Willkommen, lieber Tag. Band 1. 12. Aufl. Frankfurt am Main: Moritz Diesterweg 1975.

Knackfrosch: (Hrsg.): Bundesleitung der KJG. Kinderlieder Band 2. 1. Auflage. Düsseldorf: KJG Verlagsgesellschaft mbH 1992.

Kolping Bildungswerk – Diözesanverband Würzburg e.V. (Hrsg.): Troubadour für Gott. 2. erw. Aufl. Würzburg: Echter 1991.

Kontakte: Songbook. 2. Aufl. Lippstadt: Kontakte Musikverlag 1989.

Krenzer, Rolf: Das große Liederbuch. 135 religiöse Lieder für Kindergarten, Schule und Gottesdienst. Limburg: Lahn 1988.

Kuhn-Schädler, Hans + Marie Therese: Vergiß das Träumen nicht – Texte für junge Menschen. 2. Aufl. Luzern – Stuttgart: Rex 1993.

Laarmann, Heriburg: Bilder erzählen von Gott. Neue Gottesdienstmodelle. 2. Aufl. Freiburg im Breisgau: Herder 1990.

Lebenszeichen – Liederbuch. Vgl. Schöne, Gerhard.

Lied der Hoffnung – Vgl. Stimmer-Salzeder, Kathi.

Maderner, Pater Karl (Hrsg.): Lobet den Herrn IV – Rhythmische Lieder für den Gottesdienst. 14. Aufl.

Maschwitz, Gerda und Rüdiger: Aus der Mitte malen – heilsame Mandalas – Anregungen für Kinder, Jugendliche und Erwachsene Mit 20 Malvorlagen. München: Kösel 1996.

Mello, de Anthony: Warum der Vogel singt – Geschichten für das richtige Leben. 9. Aufl. Freiburg im Breisgau: Herder 1984.

Moltmann-Wendel, Elisabeth; Schwelien, Maria; Stamer, Barbara: Erde Quelle Baum – Lebenssymbole in Märchen. Bibel und Kunst. Stuttgart: Kreuz 1994.

Nitsch, Johannes; Werth, Jürgen: Josef – Notenausgabe zur Schallplatte. 2. Aufl. Neuhausen-Stuttgart: Hänssler 1989.

Preston, Tom; Schönamsgruber, Willi (Hrsg.): Musicbox – Songs, die man erleben kann. 7. Aufl. Stuttgart: J.F. Steinkopf Druck+Buch GmbH 1993.

Röhrig, Wilfried: Treffpunkt Leben – Lieder wider die Oberflächlichkeit. Weinheimer Str. 22a, 68519 Viernheim.

Rupp, Hartmut; Rendle, Ludwig; Kraft, Gerhard; Hehel, Roland: Bunte Pausen – Ökumenische Schulgottesdienste für die Sekundarstufe I und II. Stuttgart: Quell und Mainz: Matthias-Grünewald 1995.

Schaube, Werner: Lebenspuzzle. 2. Aufl. Freiburg im Breisgau: Herder 1981.

Schöne, Gerhard: Lebenszeichen – Liederbuch. 2. Aufl. Baiersdorf: Ost-West-Musik 1991.

Schwarz, Andrea: Der kleine Drache Hab-mich-lieb – Ein Märchen für große Leute. 12. Aufl. Freiburg im Breisgau: Herder 1996.

Specht, Sonja: (Hrsg.): Aktionszentrum Benediktbeuern, Pater Ernst Kusterer, »... und dann suche ich dich in den Bildern meiner Seele ...«.

Stimmer-Salzeder, Kathi (Hrsg.): Lied der Hoffnung 3. 3. erw. Aufl. Aschau/Inn: 1992.

Stork, Dieter: Feuer, Erde, Wasser, Luft – Umwelt erleben in Kindergarten und Grundschule. München: Don Bosco 1993.

Thiele, Johannes: Fantasie für die Schöpfung, Freiburg im Breisgau: Herder 1990, S.95.

Neue Ideen für Gottesdienste zur Passions- und Osterzeit

Christoph Recker
Wälzt den Stein weg
Neue Anregungen für Gottesdienste der Kar- und Ostertage
112 Seiten, Paperback,
ISBN 3-451-23949-3

Dieses Werk will Anregung sein, die Kar- und Ostertage einmal etwas anders als gewohnt zu feiern. Zu diesem Zweck bietet es eine Fülle von Ideen, wie das Osterfest für die Gemeinde neu erfahrbar gemacht werden kann.

Den Vorhang zerreißen
Neue Ideen für Gottesdienste und Gemeindefeiern
zu Fastenzeit und Ostern
Hrsg. von Erich Schredl
144 Seiten, Paperback
ISBN 3-451-26346-7

Diese wertvolle Ideensammlung für die Gestaltung der Fasten-, Kar- und Ostertage zeigt, wie man Ostern in der Gemeinde neu erleben kann. Die einzelnen Gottesdienst-modelle können in ihren Komponenten auch als originelle und lebendige Bausteine in der liturgischen Gestaltung dienen.

Eine wichtige Hilfe zur Belebung der Fasten- und Osterzeit in der Gemeinde.

Herder
Freiburg · Basel · Wien